L'INDOCHINE AUTREFOIS

REMERCIEMENTS

L'auteur tient à remercier tout particulièrement Jean-Louis et Andrée Taconnet qui ont su conserver un trésor et permis la réalisation de cet ouvrage ainsi que la Chambre de commerce et d'industrie de Marseille, les Archives municipales de Marseille et Monsieur Jacky Zerbola.

Si malgré nos recherches, il s'est avéré impossible de joindre les ayants droit d'auteurs ou d'éditeurs d'ouvrages, de cartes postales anciennes ou de photos, dont nous avons tenu néanmoins à reproduire certains documents, nous espérons que cette occasion leur permettra de se révéler à nous.

Quelques lectures :

Le dragon d'Annam, SM. Bao Daï, Plon, 1980.

Les guerres d'Indochine, Philippe Franchini, Pygmalion, 1988.

Atlas colonial français, Cdt Pollachi, L'illustration, 1923.

Notes de voyage en Inde et en Indochine, Brieux-Delagrave, 1906.

27, bd Charles-de-Gaulle
42120 - LE COTEAU

I.S.B.N. 2.7171.0707 X

Michel GERMAIN

L'INDOCHINE AUTREFOIS

Collection : Vie quotidienne autrefois

HORVATH
1990

AVANT-PROPOS

Dans la deuxième moitié du XIXe siècle, l'impérialisme européen, crée les colonies et la France fait la conquête de ce territoire du bout du monde. Cette presqu'île asiatique, coincée entre l'Inde et la Chine, bientôt appelée Indochine – le terme apparaît pour la première fois en 1813 – comprend cinq pays : le Tonkin, l'Annam, la Cochinchine, le Laos et le Cambodge. Nous nous intéresserons surtout aux trois premiers, aux « Trois Ky » qui formeront, plus tard, le Viêt-nam.

Pays de montagnes forestières aux deltas ennoyés, rizicoles et surpeuplés, le Viêt-nam dessine un dragon, véritable symbole mythique. Pays de l'eau et des vents de moussons, il est riche et haut en couleurs. De l'empereur d'Annam au paysan cochinchinois, il est une société solidaire aux multiples croyances et à la grande tolérance.

Au début du XXe siècle, l'Indochine française sort lentement du siècle précédent en marchant résolument vers le modernisme. La présence française n'y est pas étrangère. Et si cette dernière est, dans l'ensemble, bien acceptée, surtout dans la colonie cochinchinoise, il reste des irréductibles, tel le Dê-Tham, que la France va combattre.

C'est dans cette atmosphère bouillonnante d'espoir, d'avenir et de guerilla meurtrière que Paul Février, jeune homme toulonnais, arrive à Hué. La métropole, en effet devant la recrudescence des accrochages, des attentats et autres coups de main, décide d'envoyer quelques renforts en Extrême-Orient.

Paul, soldat de la 12e Compagnie au 9e Régiment d'Infanterie coloniale débarque sous les tropiques le 18 février 1908. Il a laissé au pays, deux sœurs qu'il adore, Jeanne et Blanche, à qui il écrit :

« J'ai décidé, à l'avenir, de vous donner de mes nouvelles par cartes postales. De cette façon, vous pourrez avoir une jolie collection et je mettrai le peu que je sais, sur les figures que représenteront les cartes que je vous enverrais. Cela aura pour effet de vous instruire un peu sur les gens et les choses du pays que j'habite momentanément... Ici la chaleur commence à se faire sentir et nous sommes à peine au mois de février. Qu'est-ce que ce sera dans deux mois ? Il paraît qu'il fait plus chaud ici que partout ailleurs. Je ne souffre pas du climat et je m'habitue très bien à la chaleur. Je pourrais, je crois, supporter facilement les grosses chaleurs. Il est toutefois prudent de ne pas s'aventurer au soleil, qui est la principale cause de maladies, aussi je l'évite avec soin... »

Pendant vingt-six mois, tous les quinze jour, Paul envoie à ses sœurs, sans omettre une seule fois, des cartes postales du pays. Des cantonnements d'Hué ou des postes avancés où il stationne, il écrit sans relâche au dos de cartes postales qu'il choisit dans les magasins de la capitale annamite, constituant ainsi un émouvant témoignage.

Enfin, le 14 avril 1910, il écrit : « Dans quatre jours, je prendrai le train et alors adieu Hué !... ». C'est grâce à Paul Février, qu'aujourd'hui, quatre-vingts ans plus tard, nous pouvons partir à la découverte et « nous instruire sur les gens et les choses » de l'Indochine française.

Annecy le 1.1.1989

FRANÇAIS

QUI HÉSITEZ SUR LE CHOIX D'UNE CARRIÈRE

ALLEZ AUX COLONIES

Bien rares sont ceux d'entre vous dont les rêves de jeunesse n'ont pas été hantés par l'idée d'imiter les hommes entreprenants qui ont réussi à se créer une situation hors de la mère patrie.

Ne croyez pas que cette possibilité soit réservée à ceux qui se rendent en pays étranger ; sachez que nos colonies, pays neufs en plein développement, ouvrent un vaste champ à tous les espoirs.

Cependant, beaucoup d'entre vous hésitent à partir.

Les uns, disposant d'un capital, craignent de voir leur argent mal employé ou dépensé en pure perte dans une exploitation, un commerce ou une industrie dont ils ne connaissent pas bien les conditions de succès.

Les autres, ne comptant que sur leur instruction professionnelle et leur ardeur au travail, se demandent si leurs services seront suffisamment rémunérés.

Aux uns et aux autres, l'Etat offre le moyen d'étudier gratuitement sur place les conditions d'emploi de leur capital et de leurs aptitudes et de tenter un essai :

PRENEZ DU SERVICE DANS LES TROUPES COLONIALES

ET L'INDOCHINE DEVIENT FRANÇAISE...

Les Français ont tourné leur regards vers le pays Viêt dès le XVIIe siècle. Si un navire de la Compagnie des Indes orientales, créée par Colbert en 1664, accoste le pays en 1669, les Jésuites sont en fait présents sous les tropiques depuis 1615. Le père Alexandre de Rhodes, jésuite avignonnais, publie en 1651 un Dictionnaire annamite, portugais et latin, créant ainsi un nouveau système de transcription, le « Quoc Ngu », outil de la pénétration occidentale.

Mais pour mieux comprendre, il est nécessaire de revenir quelques années en arrière. Sans remonter au Nam Viet du IIe siècle avant Jésus-Christ et conquis par les Chinois, il faut savoir que les Vietnamiens du Nord, entre les XVe et XVIIIe siècles poussèrent vers le Sud, aux dépends du royaume de Champa, qui s'étendait alors sur le nord et le centre de l'Annam.

Ce n'est qu'en 1765 que les Tonkinois, par l'intermédiaire de la dynastie Nguyên, annexèrent la Cochinchine, réalisant ainsi un vaste empire de la frontière chinoise au golfe du Siam.

C'est cette situation que trouvent les religieux et les marchands français. En attendant le sabre, c'est l'alliance du billet de banque et du goupillon qui force à la pénétration française.

Le Jésuite avignonais : Alexandre de Rhodes (1591-1660). (IGDA)
(In "Le Million", 1972).

En fait, la domination du « roi de Cochinchine », Nguyên, n'est pas si évidente que cela et, en 1787, alors que la France s'apprête à vivre « sa révolution », il faut l'intervention de Monseigneur Pigneau de Béhaine, évêque in partibus d'Adran, qui obtient une aide militaire non négligeable de Louis XVI – 4 navires et 1 650 soldats dont 250 Cafres d'Afrique du Sud – pour permettre au jeune Nguyên Anh d'écraser les Tay Son, après une guerre longue et meurtrière. En 1802 et en contrepartie, le nouvel empereur, qui se fait appeler Gia Long, autorise les Français à ouvrir des comptoirs, comme Tourane, sur son territoire.

En 1804, le royaume Viet, ou Dai Viet, s'appelle désormais le Viet Nam, mais les choses se gâtent avec le fils de Gia Long, qui proscrit le christianisme. Les relations avec la France s'enveniment et en 1847, le capitaine de vaisseau Lapierre, monté à bord du Catinat, fait bombarder Tourane et couler cinq jonques armées.

En 1858, les persécutions contre les chrétiens reprenant, Napoléon III envoie l'amiral Rigault de Genouilly prendre Tourane, à la tête de 13 navires et 2 300 hommes de troupe. Un mois et demi plus tard, le 18 février 1859, il s'empare de Saigon. En réalité, à Tourane, les troupes françaises, encerclées par celles de l'empereur Tu Duc et décimées par le choléra, abandonnent leurs positions le 22 mars 1860. En octobre de la même année, les troupes de l'amiral Charner, venues de Chine, relance la conquête et la France obtient par un

Monseigneur Pigneau de Behaine, évêque "in partibus" d'Adran (1741-1799).
(In "Le Million", 1972). (Simonet)

traité, signé le 5 juin 1862, les provinces de Bien Hoa, Gia Dinh, Mytho, l'île de Poulo Condor ainsi que l'ouverture de trois ports, dont Tourane, au commerce de la France. D'autre part, le libre exercice du culte chrétien est garanti. Enfin le Viêt-nam ne pourra céder aucune partie de son territoire sans l'accord de la France, solidement installée en Cochinchine.

Le ministre des Colonies, Chasseloup-Laubat écrit : « Je voudrais créer, pour mon pays, un véritable empire en Extrême-Orient. Je voudrais que notre civilisation chrétienne pût avoir, dans notre nouvelle conquête, un établissement formidable d'où elle rayonnerait sur toutes ces contrées où tant de mœurs cruelles existent encore ».

Commence alors une période de pacification, car les luttes intestines et les complots continuent, et d'organisation méthodique de la colonie. Le nouveau gouverneur de la Cochinchine, l'amiral de La Grandière, réorganise l'administration, la perception des impôts, surtout la capitation vietnamienne et lance un vaste plan d'édifications d'églises, d'écoles, d'hôpitaux mais aussi de fortifications. Tandis qu'un réseau télégraphique est mis en place, on assèche des marais et on creuse des canaux, dans tout le pays.

En 1863, le Cambodge, voisin de la Cochinchine devient un protectorat français et confirme les droits de la France sur Angkor et Battambang. Mais la France ne va pas en rester là.

Dix ans plus tard, la IIIe République lance son offensive coloniale sur le nord du Viêt-nam : le Tonkin, voie fluviale qui mène à la Chine, selon les écrits de Francis Garnier. C'est lui qui, de 1866 à 1868, avait déjà lancé une expédition exploratoire, commandée par Doudard de Lagrée, sur le fascinant fleuve Mékong.

En 1872, Jean Dupuis, commerçant originaire de Roanne, force le port de Hanoï, puis remonte le fleuve Rouge, alors aux mains des « Pavillons Noirs », résidus de la rébellion chinoise des Taïping et parvient au Yunnan, où il commerce abondament. De retour à Hanoï, il se comporte en occupant, violent ainsi le traité en place. L'empereur Tu Duc, installé à Hanoï, ne dit rien, mais la situation s'envenimant, le gouverneur de la Cochinchine, l'amiral Dupré, envoie Francis Garnier faire, en réalité la conquête du delta du fleuve Rouge. Après une campagne victorieuse, menée par 180 soldats – contre 2 000, par exemple à Haïduong – la situation s'aggrave sous la duplicité des Pavillons Noirs, alliés au prince de Sontay. Le jeune aventurier Garnier est assassiné au cours de durs combats. Néanmoins, le 15 mars 1874, la France établit son protectorat sur l'Annam, longue bande

Nguyên Anh, premier empereur d'Annam sous le nom de Gia Long.
(I.G.D.A.) (in "le Million", 1972)

côtière du Tonkin à la Cochinchine, où elle voit ses prérogatives confirmées par l'empereur d'Hué.

Cinq cents hommes sont maintenus en garnison à Hanoï, où la tension monte sous la pression des Pavillons Noirs. Leur chef, le capitaine de vaisseau Rivière est abattu le 19 mai 1883, provoquant ainsi l'affaire du Tonkin.

Envoyés par Léon Gambetta, les navires du contre-amiral Courbet prennent, en août 1883, Hué qui, n'ayant plus d'empereur depuis un mois, est en proie aux querelles des mandarins ambitieux. Si l'Annam se soumet, la guerre continue au nord, contre Hoang Ké Vien, irréductible gouverneur de Sontay, les forces régulières chinoises, toujours là, ainsi que le chef des Pavillons Noirs, Liu Yongfu, qui a eux trois peuvent rassembler plus de 4 000 hommes. Pour la France, il ne s'agit plus de conquêtes faciles ou d'escarmouches, mais bel et bien d'une guerre, où notre pays risque de s'enliser.

Après Gambetta, c'est Jules Ferry qui fait voter les crédits, permettant ainsi l'envoi de 7 000 hommes supplémentaires. En mai 1884, le capitaine de frégate Fournier signe, avec la Chine, une convention prévoyant, entre autre, le retrait des forces chinoises. Mais moins d'un mois plus tard, un grave incident remet tout en question. Une colonne française tombe dans une embuscade chinoise. C'est l'escalade. La convention devenue caduque, l'amiral Courbet s'empare de Fuzhou et fait le blocus de Formose. La Chine empêchant la France de s'installer au Tonkin, Jules Ferry envoie 6 000 nouveaux soldats et des crédits importants, lançant ainsi la France dans une guerre sans merci. Le 9 juin 1885, la Chine, par le traité de Tientsin, reconnaît le protectorat français sur l'ensemble du Viêt-nam, réunissant les trois pays du Tonkin, de l'Annam et de la Cochinchine, mais, à Hué, les régents ne peuvent accepter cette situation et activent les préparatifs militaires. Le général de Courcy arrive à Hué le 2 juillet 1885 avec 1 000 hommes afin d'impressionner les Vietnamiens.

Les régents, disposant de 30 000 hommes, lancent, dans la nuit du 5 juillet, l'attaque générale rapidement anéantie par les troupes coloniales françaises. Le régent Ton That Thuyet s'enfuit, emmenant avec lui le jeune empereur Ham Nghi, tandis que le régent Nguyên Van Tong, se soumettant, accepte de constituer un gouvernement provisoire, sans grande valeur, vue l'absence du souverain. Bientôt de violentes insurrections contre les chrétiens embrasent le pays, à Quangngaï, à Quinhon, à Ninh Binh et à Ba Dinh.

De Courcy fait occuper Dong Hoï, point stratégique sur la route de Hanoï, mais à Hué, des Annamites anéantissent une compagnie de zouaves, venue relever l'infanterie coloniale en manœuvre. « Un cimetière, qui leur a été réservé dans la ville compte plus de 80 tombes de zouaves qui périrent dans la même journée », nous dit Paul Février.

Le général fait arrêter l'ex-régent Tuong, accusé de cautionner et d'aider ces révoltes et place sur le trône Dong Khanh, un frère de Ham Nghi. Mais la situation n'en est pas pour autant calmée. Des foyers de rébellions persistent au Tonkin et au Cambodge.

Ces émeutes sont le prélude au soulèvement des Lettrés, qui dure trois ans. L'œuvre française de pacification du Tonkin et du Nord-Annam est longue et laborieuse.

Le décret d'octobre 1887 groupe sous une même direction politique la colonie de Cochinchine et les pays de protectorat du Cambodge, de l'Annam et du Tonkin. Le Laos en 1893 et la concession à bail du territoire de Kouang Tchéou Wan, en 1900, accroissent cette unité politique de l'Union indo-chinoise, sous l'autorité du gouverneur général.

« Notre colonie est ainsi définitivement constituée », conclut le commandant Pollachi dans son « Atlas colonial français » de 1928.

Ajoutons que l'Indo-Chine connaît alors une longue période où se mêlent intimement la pacification et l'organisation administrative, sociale et une politique de grands travaux menée notamment par Paul Doumer entre 1897 et 1902, ou Albert Sarraut juste avant la Grande Guerre.

Quant à nous, nous vous proposons de voyager à travers « La Colonie », grâce à Paul Février, soldat à la 12e compagnie du 9e Régiment d'Infanterie coloniale, en poste de juillet 1908 à avril 1910, qui eut la bonne idée, « pour instruire », comme il dit, ses deux sœurs Blanche et Jeanne, d'envoyer régulièrement, en France, cartes postales et commentaires, souvent pertinents.

Ces femmes entravées par la cangue, sont celles des émeutiers du 5 juillet 1885, qui tentèrent derrière le régent Thon That Thuyet, de se soulever contre les troupes du général de Courcy.

L'exposition coloniale de Marseille

Le dimanche de Pâques de l'année 1906, Jules Charles-Roux, ancien député, ancien délégué à l'exposition de 1900, présentement président de la Compagnie Transatlantique et commissaire général de l'Exposition coloniale et Victor Morel, chef de bureau au ministère des Colonies, inaugurent l'Exposition coloniale, organisée conjointement par l'Etat et les gouvernements des colonies, avec le concours de la ville de Marseille et du département des Bouches-du-Rhône.

Pour la plupart des participants, cette exposition, qui se tient au Champ colonial du Rond-Point, « synthèse parfaite, aussi exacte que possible de nos possessions d'outre-mer et aussi des débouchés qu'elles sont à même d'offrir à la métropole... (est une) grandiose manifestation du génie colonial français » (journal *l'Illustration).*

Si l'Afrique est très bien représentée avec les pavillons de l'Afrique occidentale, de la Tunisie et de l'Algérie, la plus grande surface des 24 hectares que compte le parc de l'exposition, est occupée par la représentation de l'Indochine française avec les palais du Cambodge, du Laos, du Tonkin, de l'Annam et de la Cochinchine ainsi que la maison cochinchinoise et celles de Saigon et Cholon, le tout harmonieusement disséminé autour du magnifique palais de l'Indochine, qui capte tous les regards. Rien n'a été négligé pour faire apprécier aux visiteurs les beautés et le pittoresque de notre colonie d'Extrême-Orient.

Le nombre de visiteurs est impressionnant. La Compagnie des tramways de Marseille parle de trois millions de visiteurs transportés par ses soins tout au long des six mois, mais le nombre d'entrées est très certainement supérieur.

Le dimanche 18 novembre, l'Exposition coloniale ferme ses portes après un gigantesque show. Elle accueille ce seul jour plus de 100 000 visiteurs et la Compagnie des tramways fait ses comptes. Elle a mis en service sur les lignes qui vont de la ville à l'exposition « 37 trains à 37 motrices et 85 remorques formant un total de 122 voitures. Sur la ligne Castellane-Ront-Point, 6 trains à triples remorques soit 24 voitures et sur la ligne Castellane-la-Mer, 5 trains à triples remorques réunissant 20 voitures. Le nombre des voyageurs transportés sur ces 122 voitures électriques s'est élevé à 59 620 pour une recette de 60 000 francs ». D'autre part, sur les autres lignes passant par l'exposition, 60 290 voyageurs ont pris place ce dimanche.

Le ministre des Colonies, Monsieur Milliès-Lacroix arrivé en gare Saint-Charles de Marseille, à 10 heures avec une demi-heure de retard, est accueilli par les autorités, dont MM. Chanot, maire de la cité phocéenne, Estier, président du Conseil général, Jules Charles-Roux, commissaire général à l'exposition et le préfet Mastier.

En landaus découverts, sous un ciel gris et menaçant, aux couleurs de l'automne, le cortège, par la préfecture, la rue de Rome et le Prado gagne le Champ colonial.

Selon Louis Savarin, chroniqueur au *Petit Provençal,* « une foule considérable est massée aux abords de l'entrée principale de l'exposition, lorsque vers 11 heures moins le quart, l'arrivée de Monsieur le Ministre des Colonies est annoncée.

La voiture officielle où ont pris place, avec M. Milliès-Lacroix, MM. Mastier, préfet des Bouches-du-Rhône, le général Mathis, commandant du XVe Corps d'Armée et Jules Charles-Roux, commissaire général à l'exposition, apparaît bientôt et les fiers spahis à cheval du palais de l'Algérie viennent immédiatement lui faire une escorte d'honneur. Le public nombreux se découvre respectueusement sur le passage de M. le Ministre, dont le landau s'arrête devant le palais de l'Algérie...

Au palais central de l'Indochine, où M. Milliès-Lacroix se rend immédiatement après, les honneurs sont faits par M. Beau, gouverneur général de l'Indochine, entouré de M. Baille, commissaire général de cette section et de ses collaborateurs. Le ministre parcourt tous les palais de la section indochinoise en témoignant, à plusieurs reprises, de son admiration pour le magnifique et vaillant effort réalisé par notre colonie d'Extrême-Orient à l'Exposition coloniale de Marseille... ».

Parmi les festivités présentées aux personnalités et au public marseillais, notons la rencontre du Dragon de l'Annam avec La Tarasque, à qui il offrit, avec grâce et délicatesse, une fleur de lotus.

Exposition Coloniale, MARSEILLE 1906. Pavillon du Tonkin

E. L. 126 Marseille - Exposition Coloniale - Maison de Repos Annamite.

Au banquet qui suit la visite des palais, les toasts se succèdent, tandis que passent les filets de soles dieppoises, la selle de pré salé Renaissance, les perdreaux rôtis sur canapés accompagnés des céleris à la crème, sans oublier les pêches Cardinal, le tout arrosé de Graves, Médoc, Saint-Julien et autre Pommard.

Après le White Star de Moët et Chandon, les distinctions et les décorations viennent récompenser les bienheureux élus, alors que Jules Charles-Roux prononce le discours qui clôture définitivement cette exposition coloniale de Marseille.

A l'heure du bilan, le commissaire rappelle que cette exposition a été « l'œuvre de la population marseillaise toute entière ». *Le Petit Provençal,* pour sa part, conclut en disant qu'elle a été « une vaste, lumineuse et utile leçon de choses pour le grand public ».

Une note discordante

Monsieur Brieux, de l'Académie Française, publie, en pleine exposition coloniale « Notes de voyages en Inde et en Indochine », où il dénonce la méconnaissance et les erreurs des Français pour leur colonie.

« Un des travers du Français, un de ses jolis travers, c'est de vouloir être aimé. Il est de nos compatriotes, ici et là-bas, qui s'étonnent que le peuple annamite puisse résister à notre charme, à notre bonne grâce, à notre désir de plaire.

Sa résistance a des raisons.

Il ne faut pas oublier tout de même que nous sommes venus dans ce pays sans y avoir été appelés par ses propriétaires, lesquels ne demandaient qu'une chose, c'est que nous leur laissions la paix et qui se résignaient très facilement à ignorer encore les bienfaits de notre civilisation.

Mais nous, nous voulions à toute force la leur faire connaître et, comme ils s'y refusaient, nous avons commencé de les tuer, jusqu'à ce que les survivants reconnussent enfin que nous étions plus civilisés qu'eux.

Nos intentions étaient certainement les meilleurs du monde. Seulement, lorsque les premières relations de deux peuples ont dû triompher, pour s'établir, d'un malentendu de ce genre, il ne faut pas trop s'étonner si l'on rencontre un peu de froideur chez celui des deux qui en a été la victime...

Qu'avons-nous apporté à ces gens qui puisse nous faire aimer d'eux ? Ce que nous considérons comme des bienfaits, ce qui en est peut-être réellement, ils ne l'apprécient pas. Ils ont tort ; il faut bien que je le reconnaisse. Nous avons construit des routes ; mais au début, ces routes n'étaient que des tours d'inspection destinés à rendre la surveillance plus facile et plus facile aussi la promenade hygiénique du soir pour l'administrateur.

Nous avons froissé toutes leurs délicatesses. Nous leur avons donné pour maîtres ceux-là d'entre eux qui les avaient trahis, ceux qui avaient livré la patrie à l'ennemi ; nous avons décerné les titres qu'ils respectent le plus à d'anciens boys ; nous avons traité comme des esclaves et tutoyés des vieillards vénérés ; nous avons méconnu toute hiérarchie et bousculé au pied le vieil édifice de superstitions, de préjugés, aussi de traditions vénérables, que leurs aïeux avaient élevé. Et tout cela nous leur avons fait payer...

24. MARSEILLE. — Exposition Coloniale
Porte de l'Annam et Place des Éléphants

Notre erreur a été de vouloir nous faire aimer par des gens que, pour longtemps encore, nous ne pourrons gouverner qu'en leur inspirant du respect...

D'ailleurs, il faut nous habituer à cette idée que, quoi que nous fassions, nous ne conserverons pas l'Indochine indéfiniment.

Si nous ne la rendons pas aux Annamites, quelqu'un nous la prendra... Tout en envisageant, sans trop de troubles ces éventualités, nous devons nous appliquer à marquer le peuple annamite de notre empreinte, le plus profondément possible, afin que quelque chose de nous, de notre génie, persiste à vivre sur cette terre où tant de petits soldats sont tombés pour des intérêts qu'ils ignoraient ou pour une cause qu'ils ne comprenaient pas, afin que tant de morts n'aient pas été inutiles ».

L'académicien Brieux écrit encore : « ...On se trompe encore en France, si l'on croit achevée la conquête de l'Indochine. L'influence matérielle du Dé Tham est, je pense, ruinée et c'est peut-être, en

Annam que nous aurons à agir avant peu, si tranquille que Hué puisse paraître et quelles que soient les démonstrations loyalistes du Conseil de Régence. Nous avons commis, là, trop de fautes et de trop graves, pour que les événements ne nous forcent pas à nous en rendre compte. La déposition de Than Thaï, l'élévation au trône du fils d'une concubine, la nomination comme ministre d'un ancien boy apostat, la répression sanglante de la révolte de Faï-Fo, l'an dernier... la maladresse avec laquelle nous désignons à la population, en le faisant déclarer rebelle, un prétendant, un descendant du Grand Gia Long, que je ne sais qui, tient en réserve à Singapour... tout cela, surtout s'il survenait une mauvaise récolte, peut donner des inquiétudes, d'autant plus que l'effectif de nos troupes à Hué est dérisoire.

...Je crois que la tranquillité de l'Indochine tient à peu de choses. Je crois qu'elle est en équilibre instable. Tâchons de faire pencher la balance du bon côté. Pour cela, soyons justes, forts et bons et ne pensons pas imposer d'un seul coup notre mentalité aux Annamites – ni à en faire des électeurs ».

AU PAYS DE L'EAU ET DU VENT

Située tout entière entre l'Equateur et le Tropique du Cancer, l'Indochine française, comptant 780 000 km^2, est pratiquement la plus vaste de nos possessions coloniales.

Son relief est essentiellement constitué par un puissant alignement montagneux, qui court du Yunnan chinois à la mer de Chine et que les géographes ont baptisé la Chaîne Annamitique.

Celle-ci, très tourmentée, culmine à 3 280 mètres. A l'ouest, les plateaux sont parfois entaillés de vallées profondes, séparées par des crêtes déchiquetées. Au sud de l'Annam, d'anciens volcans ont répandu des terres rouges réputées pour leur fertilité.

Mais ce sont les plaines et les deltas qui sont les véritables régions vivantes du pays indochinois : delta tonkinois, plaines étroites de la côte de l'Annam, grande plaine cambodgienne et delta cochinchinois.

Dans l'ensemble, le climat, chaud et humide, est soumis au régime des moussons.

De novembre à mars, la mousson soufflant du nord-est, apporte la sécheresse sur tout le pays et raffraîchit la température sur le Tonkin.

De mars à octobre, la mousson, venant de l'océan Pacifique, déverse les pluies et la chaleur tropicale. C'est la saison des pluies entraînant les multiples inondations. Si le delta du Tonkin résiste grâce à ses digues, la Cochinchine disparaît sous les eaux. Au Cambodge, le lac du Tonlé Sap triple sa superficie.

De plus, en saison des pluies, les côtes annamites sont régulièrement atteintes par les typhons. L'observatoire de Phu Lieng, près de Haïphong créé pour les surveiller, lance plusieurs fois par an, l'alarme aux navigateurs de la mer de Chine ou des fleuves vietnamiens.

A propos du climat, le voyageur nous dit : « La saison sèche est la plus agréable à l'Européen, car la température est moins humide (sic), les nuits sont plus fraîches et les journées plus faciles à supporter ».

L'Indochine française compte 18 926 000 habitants en 1918

La popuation du Viêt-nam est très variée, bien qu'elle soit dominée par le peuple annamite. Ce dernier, de la Chine tutélaire, a gardé sa langue écrite, sa morale, ses institutions et ses techniques agricoles.

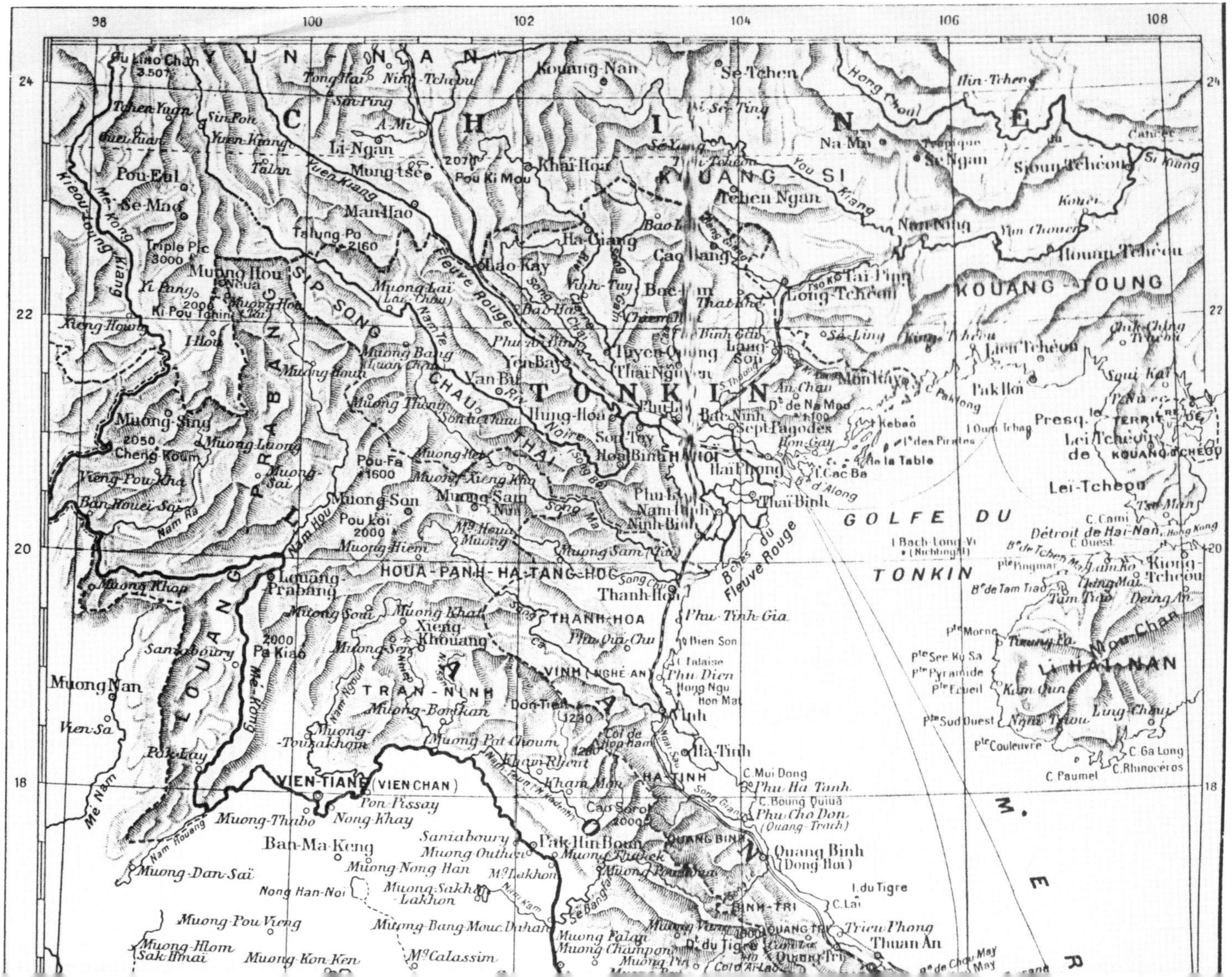

YUN-NAN
CHINE
KOUANG-SI
KOUANG-TOUNG
TONKIN
GOLFE DU TONKIN
HAI-NAN
MER
SIP SONG CHAU THAI
LOUANG PRABANG
HOUA-PANH-HA-TANG-HOC
TRAN-NINH
ANNAM
THANH-HOA
VINH
HA-TINH
QUANG-BINH
BINH-TRI
Fleuve Rouge
Rivière Noire
Mé-Kong
Lao-Kay
Ha-Giang
Cao-Bang
Lang-Son
Tuyen-Quang
Thai-Nguyen
Yen-Bay
Hung-Hoa
Son-Tay
Bac-Ninh
Hanoï
Haïphong
Thaï-Binh
Nam-Dinh
Ninh-Binh
Hoa-Binh
Thanh-Hoa
Vinh
Ha-Tinh
Quang-Binh
Louang-Prabang
Xieng-Khouang
Vien-Tiane
Muong-Sing
Lei-Tcheou
Pak-Hoï
Long-Tcheou
Tai-Ping
Nan-Ning
Se-Tchen
Kouang-Nan
Khai-Hoa
Man-Hao
Pou-Eul
Se-Mao
98
100
102
104
106
108
24
22
20
18

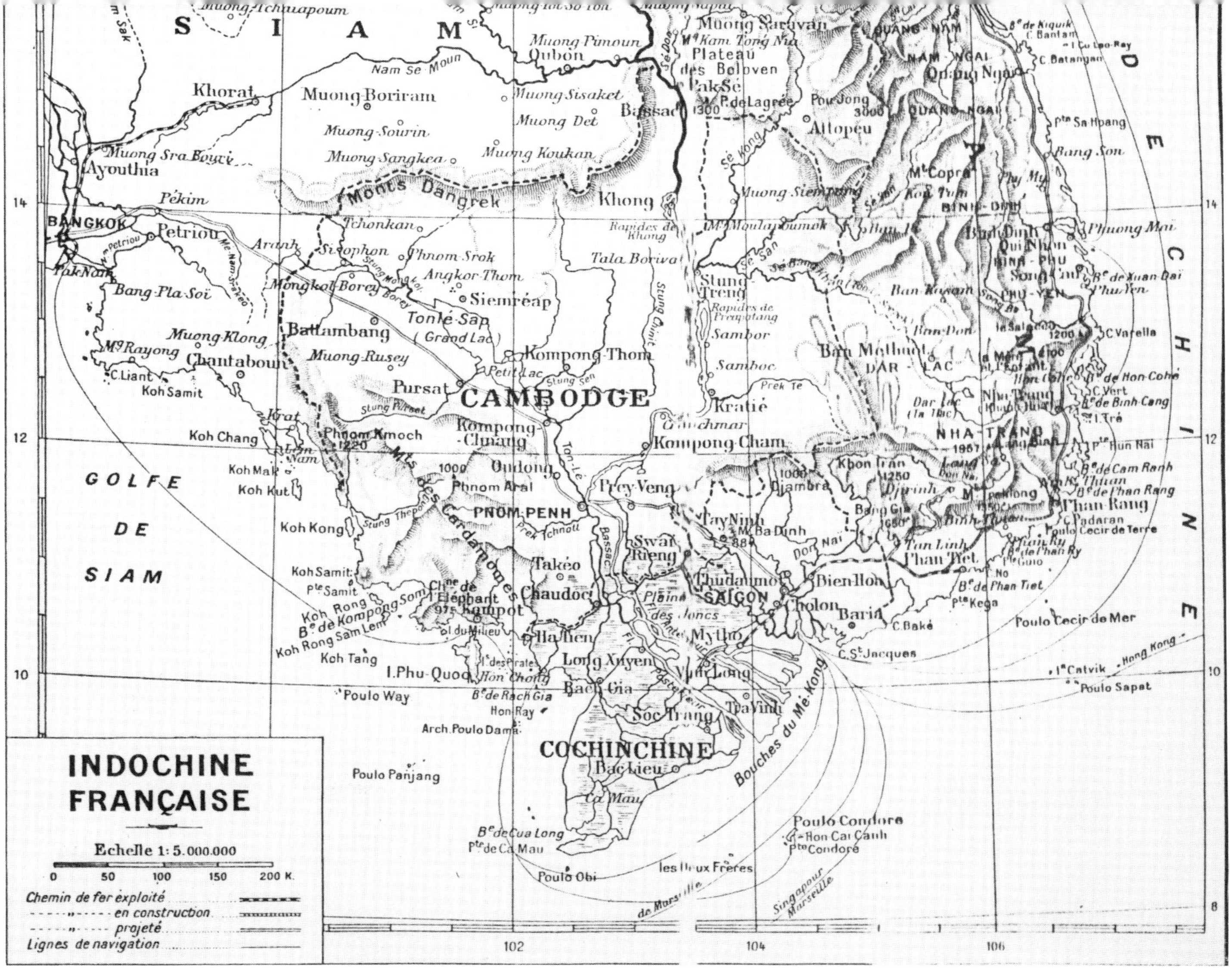
INDOCHINE
FRANÇAISE
Echelle 1: 5.000.000
0 50 100 150 200 K.
Chemin de fer exploité
en construction
projeté
Lignes de navigation
SIAM
GOLFE DE SIAM
CAMBODGE
COCHINCHINE
MER DE CHINE
Bangkok
Khorat
Ayouthia
Pékin
Petriou
Pak Nam
Bang-Pla-Soï
Muong Klong
Mg Rayong
Chantaboun
Koh Samit
Koh Chang
Koh Kong
Monts Dangrek
Muong Boriram
Oubon
Bassac
Khong
Battambang
Siemréap
Angkor-Thom
Tonlé-Sap (Grand Lac)
Pursat
Kompong-Thom
Kompong-Chhnang
Oudong
Pnom-Penh
Mts des Cardamomes
Kampot
Takéo
Chaudoc
Ha-Tien
I. Phu-Quoc
Poulo Way
Poulo Panjang
Kratié
Kompong-Cham
Stung Treng
Prey-Veng
Tay-Ninh
Soai Rieng
Saïgon
Cholon
Thudaumot
Bien-Hoa
Baria
C. St Jacques
Mytho
Vinh Long
Long-Xuyen
Rach Gia
Soc-Trang
Tra-Vinh
Bac-Lieu
Ca-Mau
Poulo Obi
Poulo Condore
Bouches du Mé-Kong
Attopeu
Plateau des Boloven
Quang-Ngai
Binh-Dinh
Qui-Nhon
Phu-Yen
Dar-Lac
Ban Mé Thuot
Nha-Trang
Phan-Rang
Phan-Thiet
Poulo Cecir de Mer
Hong Kong
Singapour Marseille
de Marseille
102
104
106
14
12
10
8

Au début du siècle, les Annamites sont environ 10 millions du Tonkin à la pointe de la Cochinchine. Pour G. Gourou, « les Annamites se caractérisent plus par des traits de civilisation que par des traits physiques ».

Les manuels scolaires écrivent : « L'Annamite présente une fausse apparence de débilité, résistant à la fatigue, durs travaux. Sédentaire et agriculteur, il vit frugalement de riz, de poisson, de légumes et de viande de porcs, assaisonnée de nuoc-mâm, condiment national extrait du poisson fermenté... ». Ou bien encore, les Annamites « sont de race jaune. Ce sont des agriculteurs excellents, capables d'assimilation ».

Avant eux, sont venus du Tibet des peuples, « tribus sauvages, peu sociables et ne paraissant pas susceptibles de beaucoup de progrès, qui nous ont toujours manifesté leur animosité », précise l'Atlas colonial. Ce sont les Moï *, qui vivent sur les plateaux de l'Annam et qui sont bien peu nombreux. Dans le nord du Tonkin, on rencontre des Khas et environ 100 000 Thaïs, que l'on différencie entre eux par la couleur de leur vêtement. Quelques Chams vivent encore en Annam et au milieu du peuple khmer au Cambodge, où ils défendent la religion Brahmane, le sanscrit et l'alphabet indou.

* Mot annamite signifiant « sans écriture ».

« En ont-elle une tenue ces deux Tonkinoises. On dirait deux marchands de charbon. Leur tenue est celle de toutes les femmes d'Annam, et du Tonkin, lorsqu'elles se trouvent dans leurs habitations, ou bien dans leurs parrages. Aussi, elles ne s'offusquent pas et c'est de l'air le plus naturel qu'elles ont posé devant l'objectif du photographe » (Hué le 5 décembre 1908).

Les Chinois présents dans les deltas, habient surtout la ville, où ils occupent les banques, le commerce et une foule de petits métiers urbains. Certains en Cochinchine cultivent les marécages asséchés. Boudet écrit d'eux : l'immigrant chinois « apporte de telles qualités de travail patient, de tenacité, d'endurance, une telle absence de besoins, une résistance physique tellement supérieure à celle des indigènes, que son travail s'impose et que sa place se fait peu à peu dans le négoce ».

La colonie française est relativement peu nombreuse.

Quoi qu'il en soit, la population est très mal répartie. La Cordillière annamitique, presque vide, force les gens à s'entasser dans les deltas et sur les côtes. Ainsi 10 % du territoire regroupe-t-il les trois quarts de la population vietnamienne.

« Ces Annamites sont des habitants de la brousse. Ils ont revêtu leur costumes de gala, à l'occasion de leur lune de miel et de la facilité qui leur est offerte de faire graver leurs traits sur une plaque » (Hué le 23 octobre 1909).

LE TONKIN

Evoquer le Tonkin, au début de ce siècle, c'est éveiller chez certains Français le rêve oriental, vaporeux, mystérieux, envoûtant et cependant attirant.

Le pays tonkinois se présente comme un vaste amphithéâtre de montagnes hostiles enserrant un delta fertile et surpeuplé.

De la frontière chinoise au fleuve Rouge, un enchevêtrement de montagnes calcaires culmine à 2 402 mètres au Tsi Con Ling, près de Lao Kay. Du fleuve au Laos, les prémices de la chaîne annamitique, plus élevée ici, 3 242 m au Fan Si Pan, font un pays inhospitalier, torturé et tailladé par la rivière Noire. « Ces montagnes sont encore mal connues, mais certainement très hautes » précise l'instituteur de 1885. Il ajoute : « Elles ont un hiver rude, des rivières torrentielles, coulant de rapides en défilés et constituent une région forestière malsaine, peu habitée, précieuse toutefois par leurs mines de fer, de zinc et d'étain et plus encore pour les routes qu'elles ouvrent vers les riches terres de la Chine méridionale ». – Le rêve oriental !

Il est ici un paysage qui fait l'unanimité : la baie d'Along. Le géographe emporté par la passion écrit : « La baie d'Along, une des merveilles de la nature est appelée Luc Haï (mer bleue) par les Annamites. Cet archipel est formé d'un millier d'îlots recouverts d'une végétation vivace, affectant la forme de cîmes déchiquetées par la foudre, d'aiguilles géantes et de sommets en table. On y navigue au pied de murailles à pic, tantôt lisses et polies, tantôt fouillées en tunnels, dont la sortie est un point étincellant ou en grottes aux stalagtites menaçantes, au fond desquelles la mer enfonce ses eaux dormantes. Ailleurs, c'est un lac au fond d'un cratère... » (Atlas colonial français).

Notre instituteur, plus modeste, ne dépareille pas : « La baie d'Along, dit-il, est un des paysages les plus impressionnants du monde, hérissé d'îlots aux formes étranges qui séparent d'innombrables chenaux solitaires où glissent seuls les sampans des pêcheurs annamites ».

Le delta tonkinois, ou delta du Song Koï, est un ancien golfe comblé par le fleuve Rouge et le Thaïbinh. La plus grande partie de ce delta est à une altitude inférieure à 3 mètres, aussi, ce pays bas est-il défendu contre la crue annuelle des fleuves par un système de digues qui délimitent des « casiers », ou se récupèrent les eaux pluviales.

La baie d'Along.

Quang Yen - Baie d'Along Hongay - Village indigène

Malgré tout, les nombreuses branches du fleuve Rouge, le Thaïbinh, le Day, les canaux des Bambous et des Rapides, qui de Hanoï à la mer, ouvrent un réseau inextricable à la navigation fluviale, sont en panne de juin à octobre, pour cause de crues soudaines et meurtrières. Et si, précise le colonisateur, depuis un temps immémorial les souverains chinois et annamites ont créé, entretenu et perpétuellement renforcé un réseau de digues, les récents travaux de nos ingénieurs l'ont seul rendu tout à fait efficace.

En hiver, le Tonkin connaît une saison fraîche. « L'Européen porte des vêtements de drap et allume du feu dans sa maison ». Une pluie fine, que les Annamites appellent « la pluie-poussière », mouille et obscurcit le delta de janvier à avril.

Ici, comme dans tout le Viêt-nam, l'été est torride et les Européens se réfugient sur les plages de Hongay et de Do Son ou gagnent, pour les plus fortunés d'entre eux, les stations de Chapa et de Tam Dao, au cœur des montagnes.

La population est ici fort nombreuse dans le delta du Song Koï, où elle dépasse parfois 400 habitants au kilomètre carré. Cela vient du fait que le Tonkin fut le foyer du peuplement annamite. Par contre, les montagnes environnantes sont bien moins peuplées. Le résident estime à environ 14 millions la population tonkinoise.

TONKIN — Haiphong — 520. Song-Tom-Bac (côté quartier chinois)

Haï Phong

Créée à la fin du XIXe siècle par les Européens, la ville doit son essor, 115 000 habitants, au développement du port. Celui-ci construit sur le Cua Câm, bras du Thaïbinh, est à la fois la porte d'entrée du Tonkin et un port de transit pour la Chine, via le chemin de fer du Yunnan.

Port fluvial, il est soumis à l'ensablement et en 1902, il a fallu creuser un nouveau canal réunissant le Cua Câm au Cua Nam, permettant l'accès aux navires jaugeant 7 mètres de tirant d'eau.

Plus de 500 navires de haute mer fréquentent les bassins et c'est à Haï Phong qu'arrivent les paquebots en provenance de l'Europe.

Ici convergent d'autre part, les canaux qui strient le delta et par lesquels arrivent le riz, mais aussi la houille et les minerais dont nous reparlerons. De l'avis des observateurs, Haï Phong est la seule ville indochinoise qui possède une puissante industrie.

Port de Haï Phong.

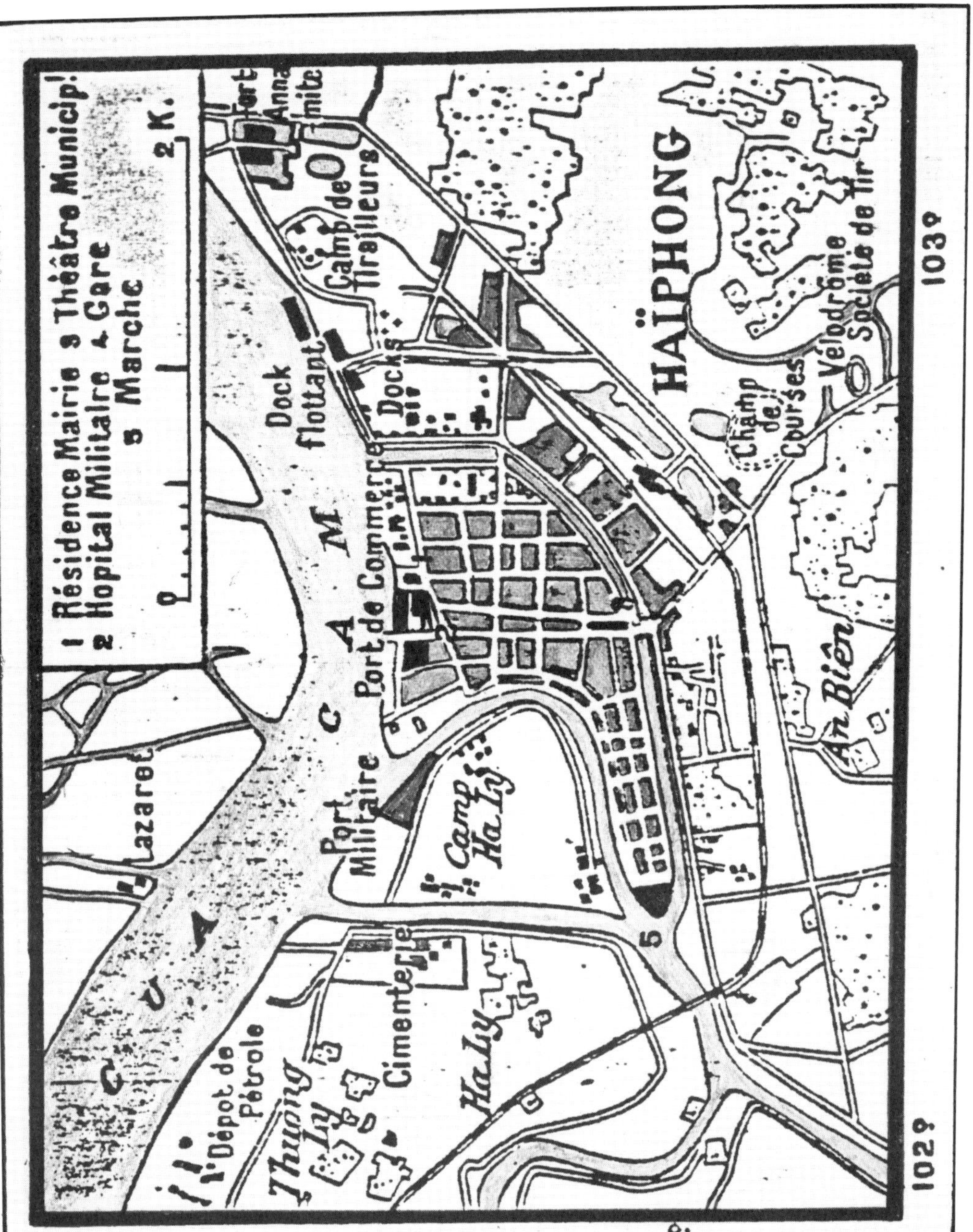
1 Résidence Mairie 3 Théâtre Municip!
2 Hopital Militaire 4 Gare
5 Marche
0
2 K.
HAÏPHONG
Fort Annamite
Camp de Tirailleurs
Docks
Dock flottant
Port de Commerce
C A M
Port Militaire
Camp Ha Ly
Lazaret
C U A
Dépot de Pétrole
Thuong Ly
Cimenterie
Ha Ly
An Biên
Champ de Courses
Vélodrome
Société de Tir
102°
103°
20°

Hanoï

La ville, construite sur les rives du fleuve Rouge, là où il commence à se diviser en bras multiples, grandit au centre du delta surpeuplé. Carrefour de routes et capitale de l'Indochine, elle compte 81 000 habitants à la veille de la guerre.

Elle a conservé une ville indigène pittoresque, aux rues étroites, aux quartiers spécialisés où travaillent les artisans. La ville européenne, avec ses boulevards animés, s'accroît rapidement. Les industries, tanneries, rizeries et autres imprimeries sont souvent installées ici depuis très longtemps.

Hanoï abrite le siège du gouvernement général de l'Indochine depuis 1899, ainsi que le résident supérieur du Tonkin.

11. TONKIN - Hanoi — Petit Lac - Mairie - Trésor

3028. TONKIN - Hanoï
Square Francis Garnier et Petit Lac

102°
A
103°
a
28°
PLAN DE HANOI
1 Ht du Gouvt Génl
2 Résidence Supr
3 Directn Tx Publcs
4 Postes & Télégr
5 Trésor
6 Mairie
7 Cathédrale
8 Directn des Fnces
9 Pal. de Justice
10 Chbre de Commerce
11 Gendarmerie
12 Théatre
13 Université
14 Marché
16 Lycée Indochin.
16 Sce Géograph.
17 Hôpital
18 Pag. du Gd Boudha
0 1000 M.
Yen Phu Phuong
Grand Lac
Tây Hô
Thuy Khue
Lac Truc Bach
Bông Lai
Thuong Tri
Ngoc Ha
Petit Lac
Thinh Hao
Thanh Gian
Thô Quan
Văn Chuong
Thuong Tra
Xã Dan
Ha Trai
Co Xa
Dong Nhân
Thanh Nhân

« Le pont Doumer est le plus grand pont existant dans toute l'Indochine. Il est construit à l'un des endroits les moins larges du fleuve Rouge. Le pont Than-Taï qui est construit sur la rizière de Hué est du même modèle mais plus petit et mesure pourtant 40 mètres » (1er octobre 1908).

172. - QUANG-YEN. - Quai de la Douane

L'ANNAM

Du Tran Ninh au nord de la Cochinchine s'étire la Cordillière annamitique, qui atteint ici, 3 280 mètres à l'ouest de Quang-Naï. De vastes plateaux la relient à la vallée cambodgienne du Mékong.

Sur le versant est, s'étend une étroite plaine côtière, constituée en réalité d'une série de petits deltas fertilisés par les alluvions que charrient les courtes mais actives rivières descendues de la montagne toute proche, comme la rivière de Tourane ou celle de Hué. Là, entre le col des Nuages et le massif boisé du cap Varella, la montagne et la mer se resserrent à l'extrême, pour ne laisser la place qu'à une étroite bande côtière où se pressent les Annamites.

La capitale Hué, siège de l'Empire, connaît un ciel pluvieux tout au long de l'année, car la mousson d'hiver, ailleurs réputée sèche, apporte ici, après son passage sur le golfe du Tonkin, une pluie fraîche.

La population se presse sur la côte et dans les minuscules deltas, où les densités atteignent 200 habitants au kilomètre carré. La montagne est déserte ou presque car l'Annamite a horreur de la montagne où l'eau est mauvaise, où règne la fièvre et les esprits maléfiques, les « maqui ».

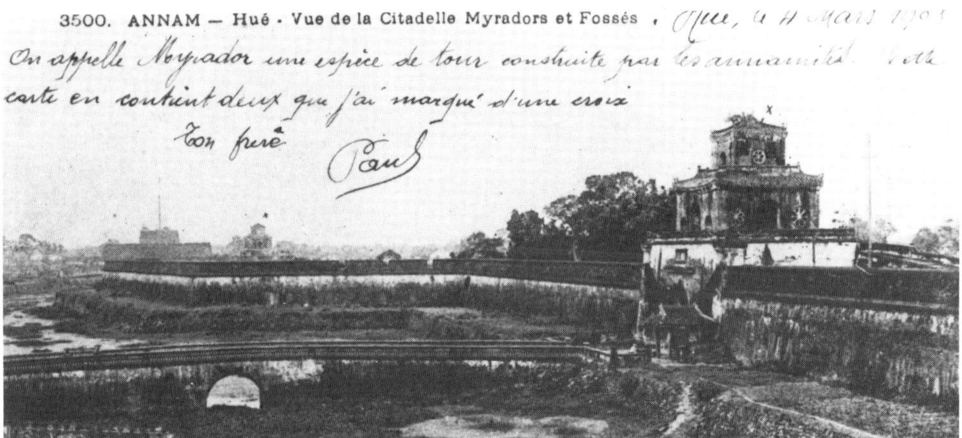

« Cette carte représente la citadelle qui est appelée maintenant "Concession". Elle contient deux bâtiments qui nous servent de casernes et qui sont très bien installés. Cette portion de terrain s'appelle le "Mang-Ta", c'est là que j'habite depuis cinq jours... ».

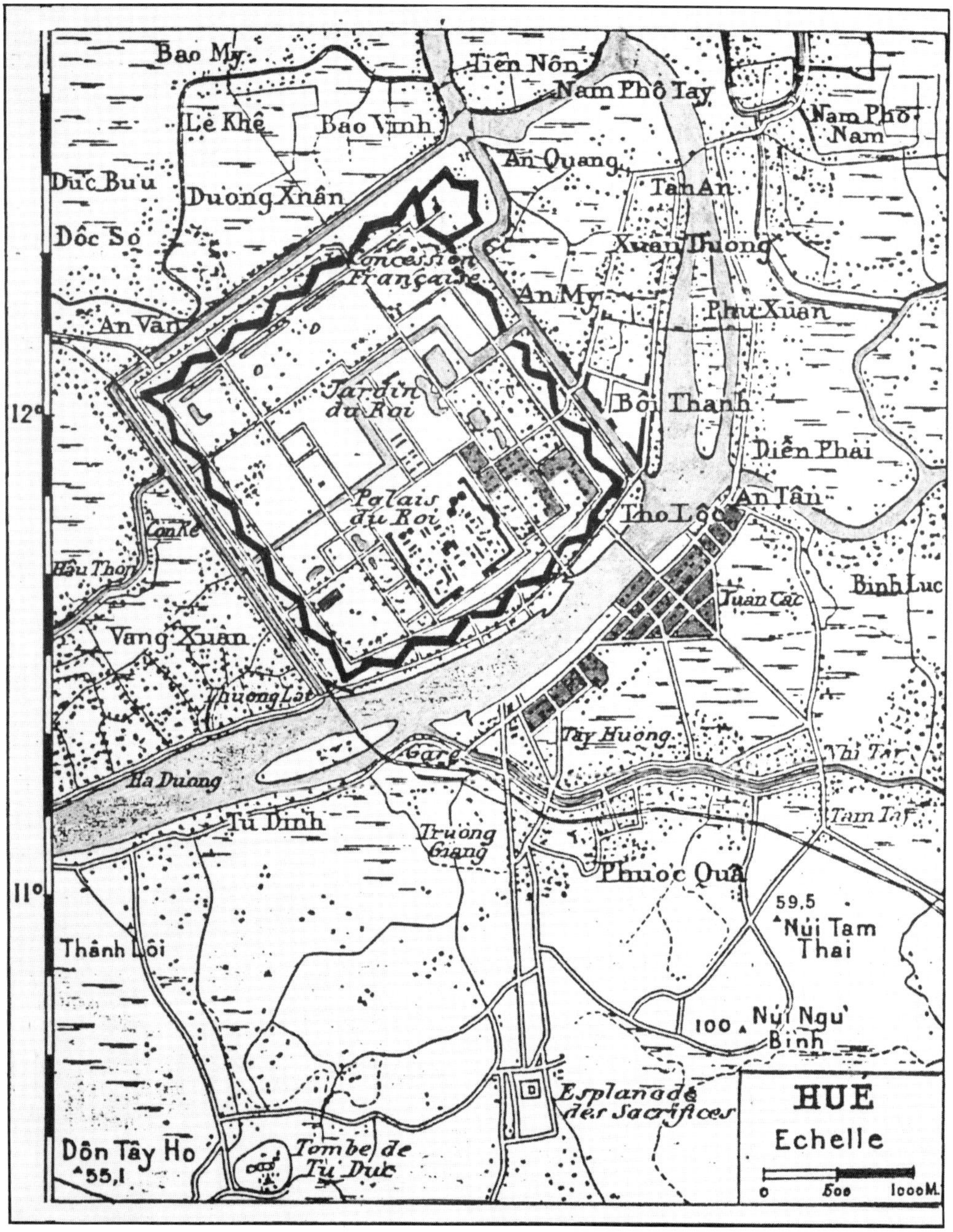

Bao My
Tien Nôn
Nam Phô Tay
Nam Phô Nam
Lê Khê
Bao Vinh
An Quang
Tan An
Duc Buu
Duong Xnân
Dôc Sô
Concession Française
Xuan Thuong
An My
Phu Xuan
An Van
Jardin du Roi
Bôi Thanh
12°
Diên Phai
Palais du Roi
An Tân
Tho Lôc
Con Ke
Hâu Thon
Binh Luc
Tuan Cac
Vang Xuan
Tây Huong
Gare
Ha Duong
Tu Dinh
Truong Giang
Tam Tay
Phuoc Quâ
11°
59,5
Nui Tam Thai
Thành Lôi
100
Nui Ngu Binh
Esplanade des Sacrifices
HUÉ
Echelle
0
500
1000M.
Dôn Tây Ho
55,1
Tombe de Tu Duc

« A voir cette carte, on se figurerait voir une ville importante. Quelle différence lorsqu'on l'habite. Comme c'est loin de nos petites villes de France. On a peine à se croire dans la capitale de l'Annam... ».

Hué

Si elle n'avait pas été la capitale de l'empire Viet et aujourd'hui capitale de l'Annam et lieu de résidence de l'empereur, Hué ne serait qu'une petite ville provinciale oubliée, tant elle est à l'image de son delta, étriquée. Bâtie sur une lacune, à l'écart de la mer, elle est une résidence de fonctionnaires.

« Le palais du frère de l'ex-roi d'Annam est une somptueuse demeure. L'extérieur n'a rien de remarquable, mais l'intérieur est garni d'innombrables bibelots de prix et de tentures qui sont des merveilles de bon goût et surtout de patience... » (Hué le 19 juin 1909).

1069. ANNAM - Hué
Cour devant la Pagode de Gia-Long dans le Palais

3508. ANNAM - Hué — Les Portiques de Bronze dans le Palais

« Le pont de Gia-Hoï relie le village de Gia-Hoï, dont la population est exclusivement composée de Chinois et d'Annamites et Hué. Il mesure 200 mètres de long. Il est interdit aux militaires d'aller à Gia-Hoï à cause des nombreuses bagarres qui s'y produisaient, avant... » (le 10 avril 1909).

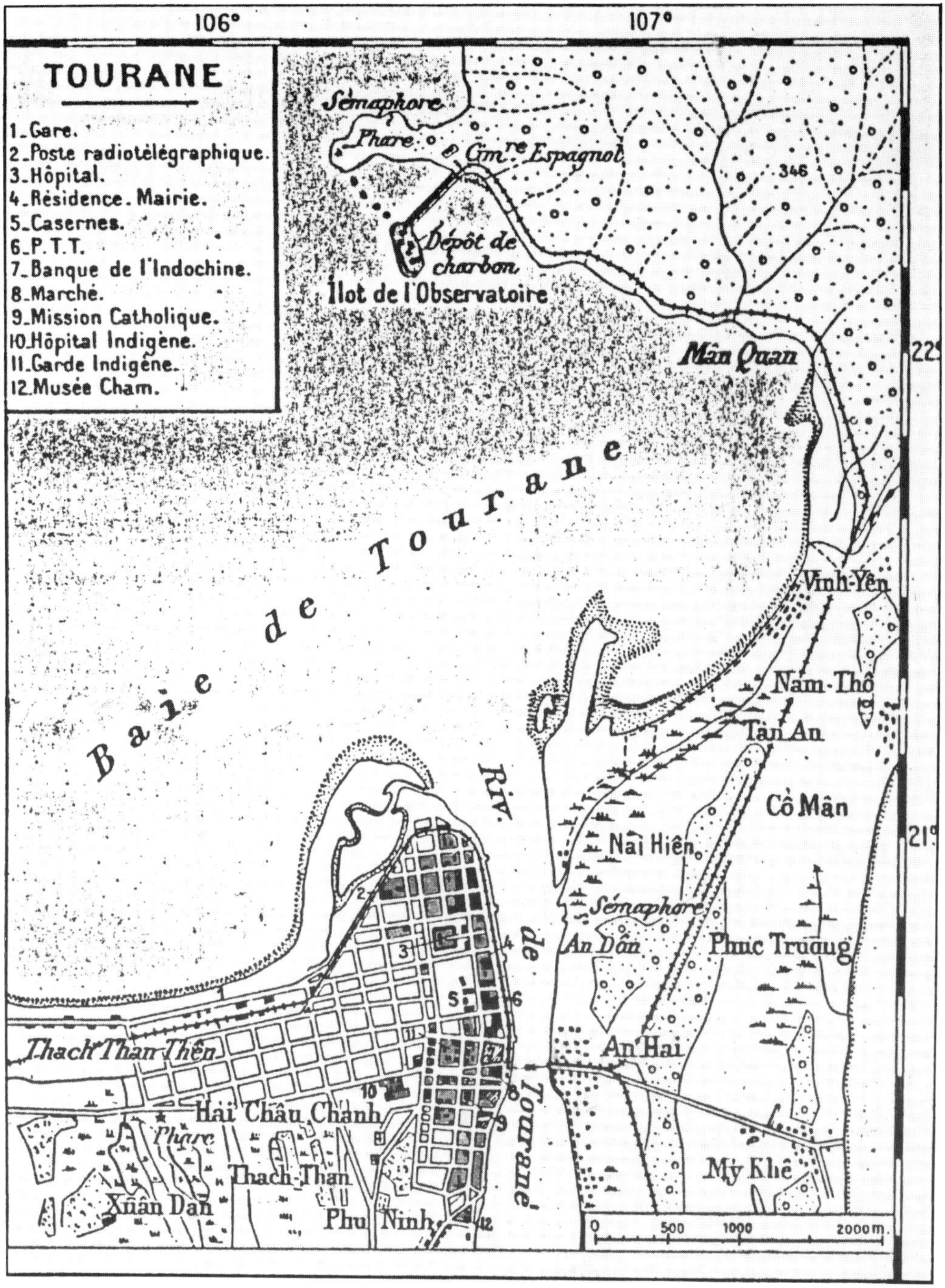

106°
107°
TOURANE
1_Gare.
2_Poste radiotélégraphique.
3_Hôpital.
4_Résidence. Mairie.
5_Casernes.
6_P.T.T.
7_Banque de l'Indochine.
8_Marché.
9_Mission Catholique.
10_Hôpital Indigène.
11_Garde Indigène.
12_Musée Cham.
Sémaphore
Phare
Cim.re Espagnol
Dépôt de charbon
Ilot de l'Observatoire
346
Mân Quan
Baie de Tourane
Vinh-Yên
Nam-Thô
Tân An
Cô Mân
Nai Hiên
Sémaphore
An Dân
Phuc Truong
An Hai
Riv. de Tourane
Thach Than Thôn
Hai Châu Chanh
Phare
Thach Than
Xuân Dan
Phu Ninh
My Khê
0
500
1000
2000m.

INDO-CHINE
R F
10c
TOURANE—HÔTEL—MORIN FRÈRES—PROPRIÉTAIRES

INDO-CHINE
R F
TOURANE—ANNAM—INFANTERIE COLONIALE—PAVILLON DES SOUS-OFFICIERS

LA COCHINCHINE

Le delta cochinchinois est une création du fleuve Mékong, descendu du Cambodge et du Dong Naï, dont les atterrissements ont comblé un ancien golfe marin. Vers la pointe de Camao, le delta s'allonge de 60 à 80 mètres par an.

En Cochinchine, l'eau et la terre se mêlent intimement. Le delta est largement ouvert à la circulation des eaux, qui l'exhaussent peu à peu. Ici, dans la chaleur tropicale, il est souvent bien difficile de savoir où commence la terre et où finit l'empire des eaux. Les rizières disputent l'espace aux marais de la Plaine des Joncs ou de celle des Oiseaux.

La température varie peu, entre 26 et 29°, tout au long de l'année. Les Français d'Indochine souffrent énormément de mars à mai, période au paroxisme de la saison sèche, car l'air, saturé d'électricité, est chargé d'orages, qui ne parviennent pas à éclater en pluies rafraîchissantes. Enfin, de mai à octobre, les pluies tombent quotidiennement.

"En Cochinchine, c'est toujours la force des choses qui décide de notre conduite..." - Galos.

85. - Jardin de l'Inspection de Thudaumot (Cochinchine)

Planté, éditeur, Saigon - Collection *La Sarcelle*

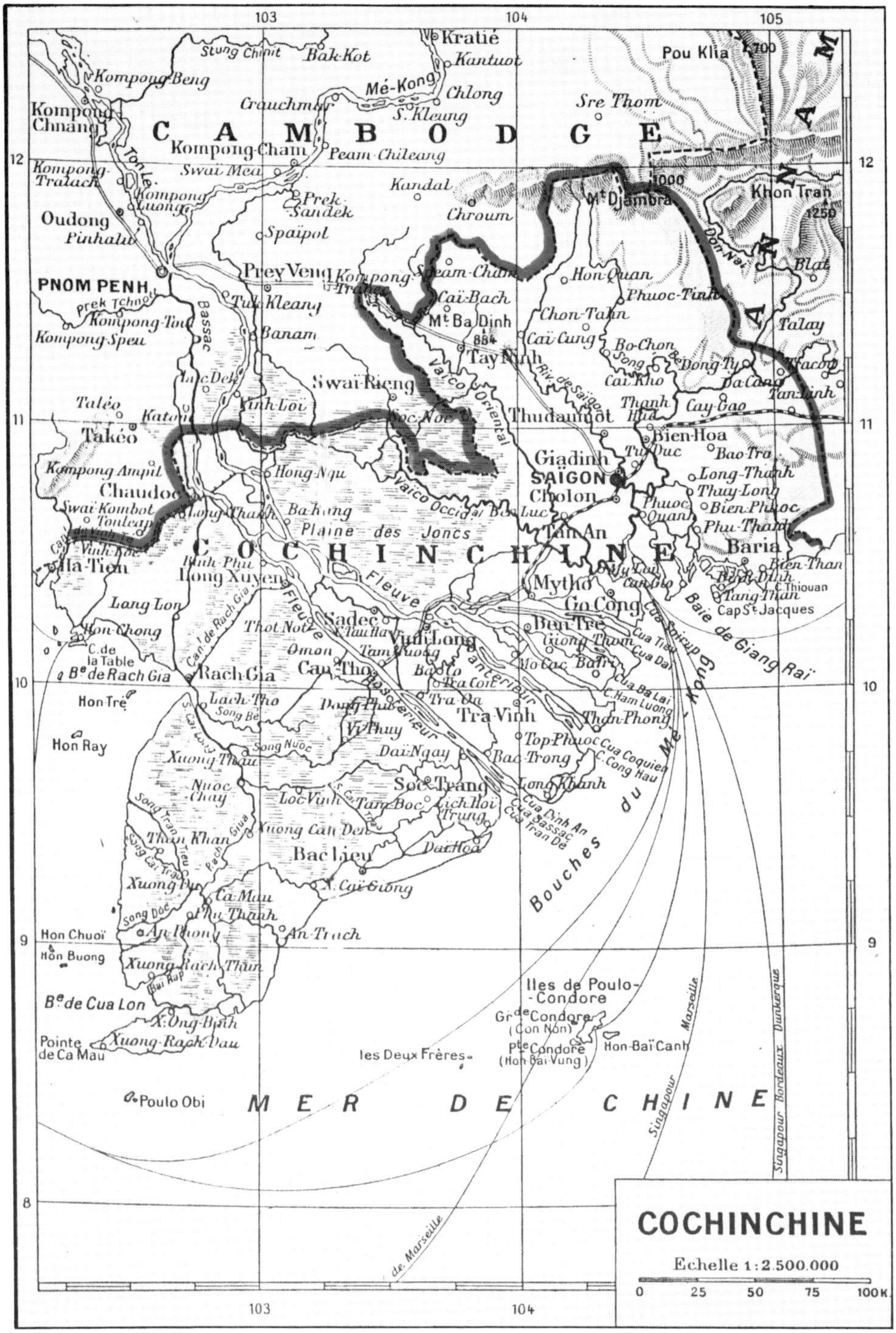
COCHINCHINE
Echelle 1 : 2.500.000
0 25 50 75 100 K.
CAMBODGE
COCHINCHINE
ANNAM
MER DE CHINE
PNOM PENH
SAÏGON
Cholon
Giadinh
Kratié
Pou Klia
Mé-Kong
Kompong-Cham
Oudong
Takéo
Chaudoc
Ha-Tien
Long Xuyen
Rach Gia
Sadec
Vinh Long
Can-Tho
Mytho
Go Cong
Ben Tre
Tra Vinh
Soc Trang
Bac Lieu
Ca-Mau
Tay Ninh
Thudaumot
Bien-Hoa
Baria
Tan An
Cap St Jacques
Baie de Ganh Rai
Plaine des Joncs
Fleuve antérieur
Fleuve postérieur
Bouches du Mé-Kong
Hon Tre
Hon Ray
Hon Chuoï
Hon Buong
Be de Cua Lon
Pointe de Ca Mau
Poulo Obi
les Deux Frères
Iles de Poulo-Condore
Grde Condore (Con Non)
Pte Condore (Hon Bai Vung)
Hon-Baï Canh
Singapour Marseille
Singapour Bordeaux Dunkerque
de Marseille
103
104
105
12
11
10
9
8

79. - BIENHOA. - Femmes Annamites allant au Marché

Alors, le fleuve Antérieur et le fleuve Postérieur, les deux principaux cours du Mékong, inondent la plaine et les multiples arroyaux, rachs et autres canaux creusés à la main, sont quelque peu désertés par la flotille de jonques et de sampans, qui les hantent habituellement. Lors de ses plus grandes crues, le Mékong roule 60 000 m^3 d'eau et son niveau peut monter de 15 mètres.

La Cochinchine, terre basse, chaude, marécageuse et malsaine, est d'une merveilleuse fertilité.

Elle est cependant encore peu peuplée, 1 900 000 habitants, à ce jour. Le delta, aboutissement de la longue marche annamite, a une densité de 100 habitants au km^2. La population est très clairsemée dans l'ouest cochinchinois récemment gagné à la culture. Les autorités ont beaucoup de mal, malgré les misères du surpeuplement à attirer les Tonkinois dans cette région. Cependant, tous les espoirs sont permis car leur nombre augmente de jour en jour. Pour elles, « il est permis d'espérer que l'achèvement du Transindochinois accentuera cette marche vers le sud, qui est à la fois une tradition historique et une nécessité économique ».

Canal des Poteries a Laï-Thieu, prolongement de l'Arroyo Chinois au sud de Cholon.

Saigon-Cholon

Saigon forme, avec la ville chinoise de Cholon, une agglomération qui atteint les 300 000 habitants. On est loin du misérable village que découvre Rigault de Genouilly. C'est l'amiral de La Grandière qui donne l'impulsion en 1865 qui va faire de cette ville une grande métropole. La ville se développe alors entre les rives fangeuses de l'arroyo chinois au sud et celles de l'arroyo de l'Avalanche au nord, autour du palais du gouverneur. L'éclairage urbain au gaz, installé en 1869, montre bien la volonté de la France de rester.

Saigon devient alors la capitale de la Cochinchine et bénéficiant du statut de colonie de cet état, connaît une impressionnante expansion.

Le port maritime de Saigon et le port fluvial de Cholon, à portée du réseau navigable des canaux de l'intérieur, forment un ensemble portuaire appréciable, jouissant d'une autonomie administrative et financière. Saigon réalise les deux tiers du trafic portuaire de l'Indochine. C'est le grand port exportateur du riz, principale richesse de la Cochinchine, mais aussi du caoutchouc et des bois exotiques. Malheureusement, situé à près de 100 kilomètres de la mer, il ne peut prétendre être un grand port d'escale internationale sur la route de Hongkong ou de Yokohama et les paquebots qui le fréquentent viennent souvent de Marseille ou d'autres ports français.

Une rue de Cholon

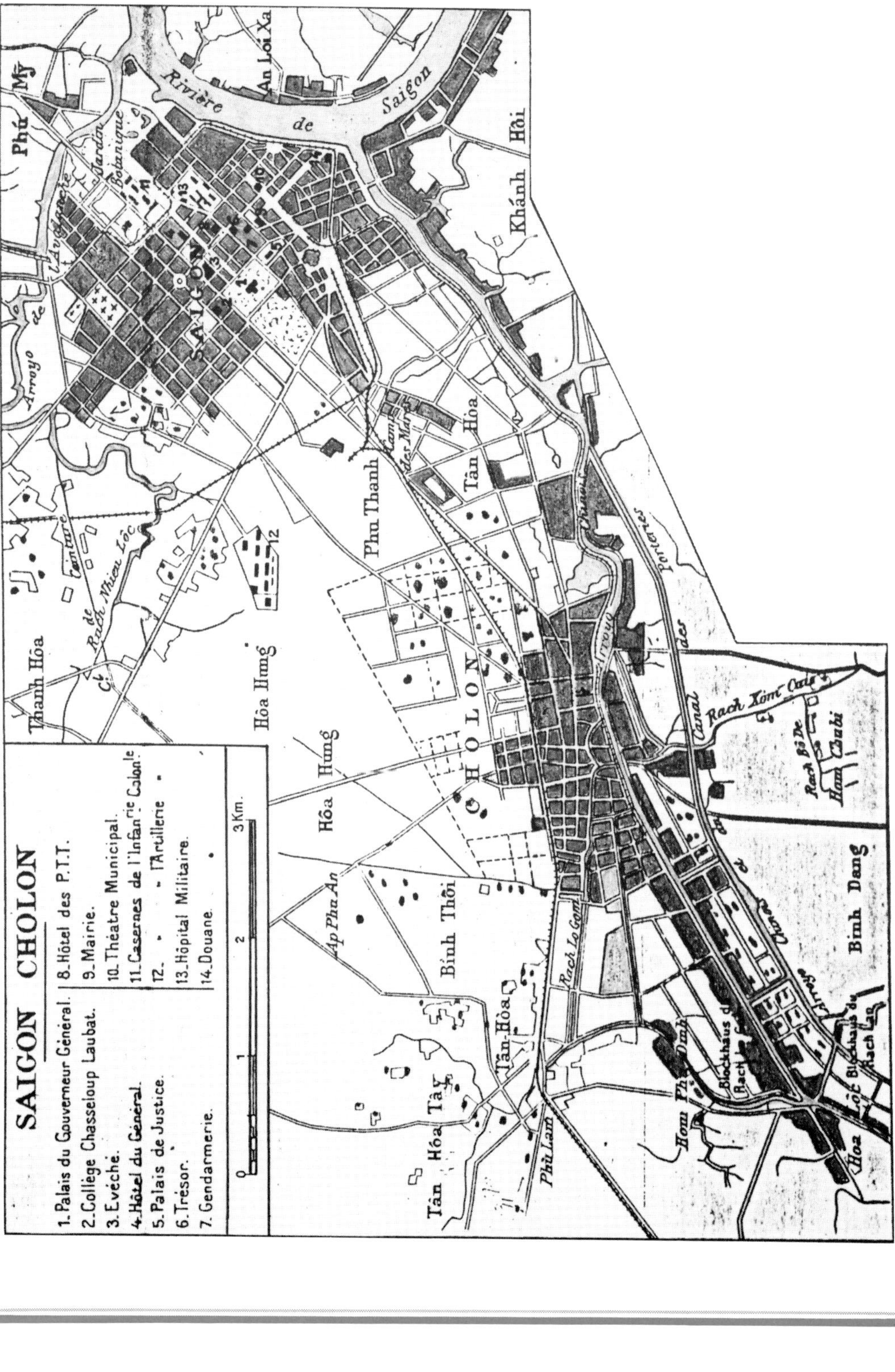
SAIGON CHOLON
1. Palais du Gouverneur Général.
2. Collège Chasseloup Laubat.
3. Evêché.
4. Hôtel du Général.
5. Palais de Justice.
6. Trésor.
7. Gendarmerie.
8. Hôtel des P.T.T.
9. Mairie.
10. Théatre Municipal.
11. Casernes de l'Infanterie Coloniale.
12. " " l'Artillerie "
13. Hôpital Militaire.
14. Douane.
0 1 2 3 Km.
Rivière de Saigon
An Loi Xa
Phú Mỹ
Khánh Hội
Jardin Botanique
Arroyo de
SAIGON
Tân Hòa
Phu Thanh
Thanh Hòa
Rach Nhieu Lôc
Hòa Hưng
CHOLON
Hòa Hưng
Ap Pha An
Bình Thới
Rach Lo Gom
Tân Hòa
Tân Hòa Tây
Phú Lam
Canal des Poteries
Arroyo Chinois
Rach Xóm Cũi
Bình Đang

Le port de Saigon-Cholon prolongé par l'Arroyo Chinois. Au premier plan, le pont tournant et le bâtiment des douanes.

« La rue Catinat est la plus importante de Saigon. C'est là que se retrouve "l'aristocratie" de la capitale cochinchinoise. Le grand théâtre, dont on aperçoit la façade, s'élève au centre de Saigon... » (le 14 août 1909).

La rue Catinat doit son nom à celui du navire à bord duquel le capitaine de vaisseau Lapierre se rend à Tourane en avril 1847 afin d'obtenir la libération d'un évêque emprisonné sur ordre de l'empereur Thieu-Tri. L'affaire tourne mal. L'officier, ignorant que le prélat a été relâché et qu'il a déjà gagné Singapour, fait saisir les voiles de deux corvettes viet, puis coule cinq bâtiments, avant de lever l'ancre. Les persécutions contre les chrétiens n'en sont que plus violentes.

SAÏGON — Un coin du marché

Rue ainsi dénommée en souvenir de Monseigneur Pigneau de Behaine, évêque d'Andran, qui aida le futur Gia-Long à reconquérir le pouvoir.

Arrivé en octobre 1860 en Cochinchine, l'amiral Charner fait la conquête des provinces Gia Dinh et Mytho, sous la pluie de moussons, dans la boue des rizières, avec le choléra, la dyssenterie et les fièvres qui déciment ses troupes, face à des Annamites braves et courageux, qui se font tuer sur place comme à Chihoa et accepte de négocier avec les envoyés de l'empereur Tu Duc. Poulo Condor, Bien Hoa, Gia Dinh et Mytho reviennent à la France. C'est la naissance de la Cochinchine française.

Justice de Paix — SAIGON
Mme G. Wirth, Editeur, Saigon

COCHINCHINE
5. - SAIGON. - Le Théâtre
A. T.

« Ainsi Saigon au début du XXe siècle est, selon Philippe Franchini, une sorte de sous-préfecture presque libérée des taboux provinciaux, avec ses intrigues amoureuses, ses tournées théâtrales, ses duels d'honneur et surtout ses élections, animées par la faune politicienne des laissés-pour-compte de la IIIe République, venus chercher une revanche outre-mer ».

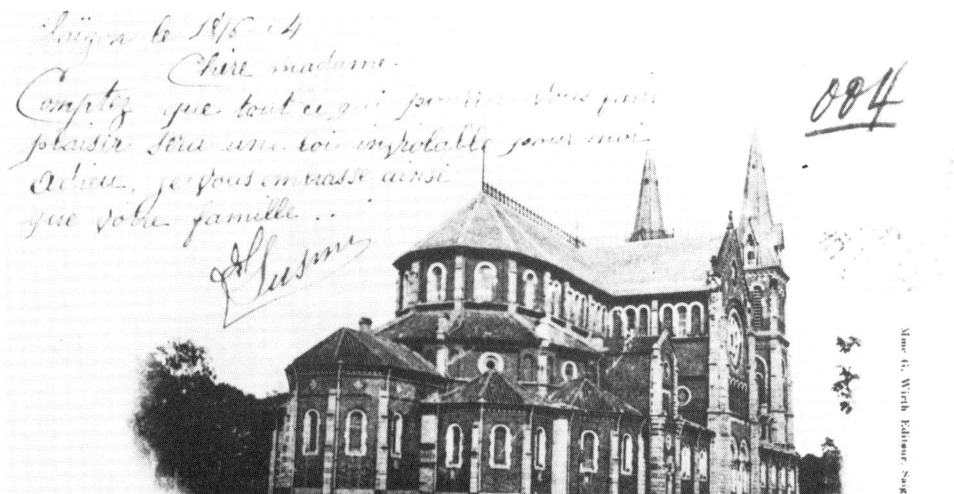

La cathédrale de Saigon.

Le jardin botanique a été construit au nord-est de Saigon, au confluent de l'arroyo de l'Avalanche et de la rivière de Saigon, à l'arrière des casernes de l'Infanterie coloniale.

« Ce roi qui s'est fait remarquer par ses actes de sauvagerie a été détrôné par la France le 25 juillet 1907, et remplacé par son fils Duy-Than, le 5 août ; il fut à cette époque envoyé au cap Saint-Jacques, près de Saigon et gardé à vue dans une vaste propriété. Il vient de se faire remarquer à nouveau en tuant une de ses servantes. Il est question de l'envoyé en Algérie où il serait surveillé plus étroitement... » (Hué le 18 septembre 1908).

UNE SOCIÉTÉ HIÉRARCHISÉE, MAIS ÉGALITAIRE

L'ordre social annamite, d'origine chinoise, est, pour les Occidentaux, très contradictoire. Apparemment fédoal, le système est en réalité caractérisé par l'égalité entre les individus et l'organisation patriarcale de la famille.

Au sommet de la pyramide, se trouve le souverain, à la fois empereur et fils du Ciel, alliant ainsi les pouvoirs politique et religieux, véritable clé de voûte de l'édifice social.

L'empereur réside au palais Kien Trung, à Hué. Duy Than, né en 1899 est le successeur de Than Thaï, que la France a fait interner, pour folie, en 1907.

Les pouvoirs de l'empereur ne sont limités que par « le Mandat du Ciel », selon le critère de la vertu confucéenne et par les pouvoirs de la commune. L'empereur est, pour Bao Daï, le dernier d'entre eux, « le maître de toutes choses, celui qui régit l'harmonie du monde... et une faute de sa part peut troubler le cours normal du destin, déclenchant les pires catastrophes, que le peuple paiera de ses souffrances... L'empereur est à la fois le souverain pontife, le juge suprême, le père et la mère de ses sujets... Ce pouvoir absolu n'est tempéré par aucune Constitution écrite. Il ne trouve de limite que dans la morale pratique définie par la doctrine de Confucius ».

Ajoutons que l'empereur dispose d'une garde impériale et d'une troupe provinciale.

Il est d'autre part assisté de six ministres : administration, finances, rites, peines, guerre et travaux publics, mais nous verrons plus loin qu'en réalité ses pouvoirs sont bien minces, face à la puissance coloniale.

Le souverain impose son autorité aux différentes provinces au moyen d'une double hiérarchie civile et militaire de mandarins, que l'on recrute tous les trois ans, par des concours littéraires. Ils ne sont donc pas une noblesse à l'occidentale.

Bao Daï écrit : « L'empereur n'a aucune classe aristocratique qui le sépare de son peuple. Ses représentants, ses intermédiaires, les mandarins, sortent du peuple et leurs descendants y retournent s'ils n'ont pu eux-mêmes s'élever par le mérite et le concours au même rang. L'aristocratie héréditaire n'existe pas en Annam ». Cependant, ces

L'empereur Thanh-Thaï né en 1879, qui règne à partir de 1889 sur l'Annam, est détrôné en 1907 par la France pour "folie" et exilé dans l'île de La Réunion.

hauts fonctionnaires, à la chinoise, sont omnipotents. Hommes à toute faire du régime, ils ont en charge tous les rouages du pays. Leur pouvoir, essentiellement politique, est d'autant plus grand que l'empereur est faible. Répartis en treize classes, les mandarins sont chargés d'assurer les divers services de l'administration, de la justice ou de l'armée.

La bourgeoisie vietnamienne est constituée des gros propriétaires terriens, qui ont tendance à s'urbaniser et à vivre au contact des Français, tout comme le néo-mandarinat. Elle veut former l'élite du pays.

La folie du roi d'Annam

Dans l'un de nos récents numéros nous signalions l'extraordinaire nouvelle apportée par le courrier de Chine relative aux événements sanglants qui depuis plusieurs mois se produisent à la Cour de Hué.

L'empereur et roi d'Annanm, Thanh-Thaï est, en effet, atteint de folie sadique et se livre à de sanguinaires excentricités. C'est ainsi qu'il torture abominablement ses femmes et prétend en avoir le droit. Il enfonce lui-même des aiguilles d'or dans leurs seins ; il les fait suspendre par les pieds durant qu'on les tenaille aux cuisses et aux épaules ; même, dit-on, il les fait tuer ; après quoi, on leur ouvrirait le ventre devant lui ; quant aux fantaisies sadiques auxquelles il les soumet, les empereurs de la décadence romaine ne les auraient pas imaginées : il les livre, sous ses yeux, à des animaux !

C'est précisément au moment où le gouvernement français songeait à faire effectuer au roi d'Annam un voyage en France, comme celui que vient d'effectuer récemment le roi du Cambodge, que l'on apprend les actes de folie du roi. La conséquence va en être non un voyage, mais une dépossession. On annonce, en effet, que le gouvernement général de l'Indochine s'apprête à convoquer le "Comat" ou Conseil des ministres d'Annam, qui se réunira à Hué pour désigner le nouveau roi !

Le souverain d'Annam porte le titre d'"empereur et roi". Administrativement, il est sans autorité. C'est le Conseil des ministres, composé de vieux mandarins choisis par nous qui gouverne d'accord avec le représentant de la République. Mais l'empereur d'Annam est le chef religieux de tous les Annamites. Une fois par an, on le montre aux foules comme on montrerait une idole ; le reste du temps, il est confiné dans son palais, au milieu de ses femmes.

Le roi Thanh-Thaï était encore enfant lorsque la France l'appela au trône d'Annam, qui était occupé au moment de la conquête par le roi Gia-Long, dont le fils, dépossédé, Ham-Nghi, fut déporté en Algérie où il vient de se marier avec une Française, dont il a un enfant. Malgré son désir, il est peu probable que la France réinstalle Ham-Nghi sur le trône d'Annam, car on juge l'ancien roi, qui est fort intelligent, comme dangereux, pour l'influence française.

Article paru dans le "Petit Provençal" du dimanche 7 octobre 1906.

« Cette carte représente le nouveau roi dont je vous ai déjà parlé dans une de mes lettres. Il est âgé de huit ans. C'est devant lui que les troupes défilèrent à l'occasion du 14 juillet. Qu'a-t-il dû y comprendre ?... » (Hué le 24 juillet 1908).

806. TONKIN - Langson — Maréchal Sou
POSTES
10

« Le costume porté par les grands mandarins de la cour a une très grande valeur. Il est en soie et de couleurs bigarrées. La coiffure n'est pas précisément élégante, mais la recherche de l'élégance est bannie dans ce pays. Cela n'a aucune importance » (Hué le 19 juin 1909).

« Les mandarins usent du palanquin lorsqu'ils se rendent à une cérémonie officielle et pour les différentes fêtes annamites. Ils sont escortés de leurs boys et du porteur des présents qu'ils doivent faire à la personne à qui ils rendent visite et qui leur est toujours supérieure » (29 janvier 1909).

« Ce sont les gens qui escortent le roi dans toutes ses sorties. Le porte-encensoir embaume le passage, le porte-éventail fait du vent au roi et le porte-parapluie abrite le roi qui est porté soit dans une chaise, soit en palanquin. Tous ces gens se chaussent à la même maison de chaussures... » (Hué le 16 mai 1908).

1008. ANNAM — Hué
Groupe d'Eunuques

Il n'y a pas, au Viêt-nam, de classe intermédiaire, à proprement parler. La petite bourgeoisie rassemble les petits propriétaires, mais aussi les fonctionnaires, les instituteurs créés par Paul Doumer, les commerçants et autres employés. Elle cherche à se moderniser, mais « elle souffre de frustrations et d'un sentiment d'infériorité que souligne le tutoiement » (J. Franchini).

Le reste de la population, c'est-à-dire la grande majorité, est pauvre et rurale. Les paysans, souvent fermiers, sont attirés par le mirage des grandes villes où ils ne trouvent que des emplois subalternes, formant un peuple de coolies, continuellement en semi-chômage.

La population, qu'elle soit rurale ou urbaine, se regroupe au sein de la commune. Véritable état dans l'Etat, la commune annamite s'administre elle-même, grâce à un conseil des notables conformément au droit coutumier, qui prime la loi de l'empereur d'Annam.

L'empereur Bao Daï la considère comme le contrepoids au pouvoir de l'empereur. D'ailleurs ne dit-on pas, « le pouvoir de l'empereur s'arrête à la porte du village ». Chaque habitant a sa place bien déterminée dans cette hiéarchie villageoise et œuvre avec zèle, pour avancer dans le cursus communal. Cette hiéarchie est régulièrement revue dans des réunions qui se déroulent dans la maison commune : le dinh.

Il faut mettre à part les Français, environ 23 000 et les Chinois, 150 à 200 000 en 1914.

Ces derniers sont gens privilégiés car ils tiennent, notamment à Cholon, le négoce. Organisés en cinq congrégations, dirigées par un chef élu et agréé par l'autorité française qui exige de lui qu'il maintienne l'ordre et perçoive l'impôt, en fonction de leur province d'origine, ils se serrent les coudes et sont souvent des intermédiaires obligés, même si la France leur a interdit de « toucher à l'hévéa ».

« On appelle eunuques les gens notables de la ville, ou pour mieux dire, les "légumes". Ce sont des hommes distingués de la population annamite. Ils portent comme leurs compatriotes, le scapulaire, non pas caché comme le font nos dévôts français, mais au contaire très apparents... » (Hué le 20 mars 1908)

« Le mobilier et les ustensiles qui leur servent pour manger ne sont pas très coûteux... ».

« Les Tonkinoises enroulent leurs cheveux autour de la tête et les maintiennent ensuite avec une étoffe qu'elles enroulent de la même façon que leurs cheveux. Les femmes annamites tirent leurs cheveux et se font un chignon tout à fait à l'arrière de la tête. C'est à la chevelure que l'on reconnaît une Annamite d'une Tonkinoise... »

« Je suis heureux d'avoir pu mettre la main sur cette carte qui représente une scène amusante pour un Européen. Les Annamites que représentent cette carte, mangent le riz à l'aide des fameuses baguettes... Je t'assure qu'ils ne sont pas entrepris pour les manier. Un de ces Annamites fume la pipe tonkinoise... Le petit boy leur fait du vent à l'aide d'un éventail construit avec de la toile grossière et des bambous. La femme ou Congaï a l'air toute ravie de se voir photographier, au moment de son repas... »

« L'une de ces femmes tonkinoises fume la pipe ou toufiane. Les femmes, ici, fument dès leur plus jeune âge et l'on voit des gosses, à peine capables de marcher, fumer la cigarette comme de vrais pompiers et cela sous l'œil hébêté de leurs parents » (25 juin 1908).

A. Pélissier éditeur à Tourane (Annam)

1.- Hué - Riche Congai

« Ainsi que tu peux le voir, chère sœur, les gens du pays que j'habite momentanément, n'usent pas beaucoup de chaussures puisqu'ils sont toujours nu-pieds. D'autre part, les femmes sont plus avancées ici qu'en France, puisqu'elles portent... la culotte. Tu ne te vois pas dans cet accoutrement. Je te recommande la maison qui fait les chapeaux. Je suis sûr que si pareille mode était en vente dans la rue des marchands, M. et Mme Mancini seraient très fiers de leurs coiffures... Hum ! Je ne suis pas jaloux. Ais-je tort ?... » (Hué le 20 février 1908).

« Ce médecin est remarquable par ses ongles qui sont très longs. D'ailleurs, chez les Annamites, les ongles longs sont un signe de distinction. La main gauche seule est ornée de ce que l'on peut appeler un empêchement et qui est de la part de ces gens, pourtant très remarqué... ».

PAYS DE LÉGENDES, DE GRANDE FOI ET DE TOLÉRANCE

Au pays Viet tout commence par la légende.

Le Dragon Lac, Seigneur des Eaux sortant de son palais marin vint un jour sur la terre afin de délivrer le peuple soumis aux envahisseurs venus du Nord. Il enleva la reine Au Co, épouse du conquérent et l'emmena sur le mont Tan Vien. Le conquérent regagna son pays, mais Au Co était une immortelle, issue du Feu et les choses se gâtèrent avec le Seigneur Dragon. Ils décidèrent alors de se séparer, emmenant chacun la moitié des cent fils qu'ils avaient eu ensemble.

Huong Vuong, l'aîné des cinquante qui suivirent Au Co, devint roi de Van Lang. Ainsi était né le pays du Dragon. Mais la légende se poursuit avec le combat incessant du Seigneur des Eaux et du Seigneur de la Terre. Le dernier empereur, Bao Daï écrit : « Le Viêt-nam ne pouvait choisir de meilleur symbole que le Dragon. Pour le peuple

Hanoï la pagode dite "not Côt"

« Le tombeau de Tu Duc est l'un des plus beaux des quatre tombeaux existants. L'arc de triomphe qui est représenté ici, est une véritable merveille de bon goût. L'intérieur de l'arc, que l'on aperçoit, contient une grande pierre en marbre, toute sculptée en dessins annamites... ».

vietnamien dont la vie est profondément liée à sa terre par une véritable magie cosmique, ce symbole prend une valeur bien plus grande. Nul ne peut rien contre le Dragon. Il traverse le feu et les eaux. Tranché, séparé, il ne périt pas et se ressoude à mesure... ».

La base des religions indochinoises est « l'animisme. C'est-à-dire la croyance que tout corps qui se meut ou paraît se mouvoir sur terre, dans le sol ou dans l'espace est doué d'un esprit qui le fait agir », nous dit le commandant Pollachi.

Pour la plupart des indigènes d'Indochine, le monde est rempli de génies puissants, les « maqui » ou les « phi », généralement malfaisants, qui épient les faits et gestes des vivants ainsi que de démons, qui représentent la volonté agissante des phénomènes cosmiques ou naturels et de gnomes qui possèdent les secrets de la terre et qui animent les plantes et les bêtes.

« Le tombeau du roi et de la reine Tieu Tri est presque complètement détruit. Il ne reste plus que quelques bâtiments sans valeur, qui ne tarderont pas, certainement, à être abandonnés. C'est maintenant le seul tombeau royal qu'on ne visite plus » (Hué le 12 novembre 1908).

En conséquence, l'Indochinois à l'esprit constamment préoccupé, à la recherche des moyens de ne mécontenter aucun de ces êtres magiques tout puissants. Il cherche constamment à les amadouer et à les flatter en offrant des prières et des sacrifices, comme ceux rencontrés lors du Nam Giao.

En pays annamite, les religions ne s'éliminent pas, elles se superposent et l'esprit de tolérance est fécond.

Le naturisme, religion d'Etat en Annam, est marqué par le culte impérial du Ciel et de la Terre, en référence aux origines, par le culte des Trois Mondes, par les cultes agraires rencontrés dans les communes et surtout par le culte des Ancêtres.

« ...Les hommes et les femmes sont habillés de la même façon. Leurs vêtements consistent en une espèce de blouse de peintre de différentes couleurs et d'un pantalon très large, qui descend jusqu'aux chevilles. Le pagodon que représente cette carte est situé à 500 m de notre caserne et sur la route qui y conduit. Les gens représentés sont des marchands. En regardant attentivement, on voit les récipients qui contiennent le riz qui sera plus tard le plat de l'Annamite... » (Hué le 20 février 1908.

« Au Viêt-nam, les morts ne sont pas disparus, écrit l'empereur Bao Daï, ils vivent avec nous. Ils continuent à tenir leur place. Entre eux et les vivants existent des liens plus forts que ceux qui peuvent exiter entre les vivants. Auprès des morts, nous cherchons protection, inspiration. C'est à eux que va notre confiance et que tout naturellement nous demandons conseil... ».

Nous retrouverons le culte des Ancêtres lors de la grande fête du Têt et celui du Ciel et de la Terre lors de la célébration du Nam Giao.

Le confucianisme, d'origine chinoise, base de l'enseignement moral, sans système métaphysique véritablement établi et précis, est une religion officielle et aristocratique, pratiquée par les seuls mandarins lettrés.

Le bouddhisme, s'il est la religion officielle du Cambodge et du Laos, n'est pas absent du Viêt-nam.

Enfin, si l'Islam se rencontre chez les Champs et les Malaisiens, le catholicisme, qui pénétra le pays tardivement, touche toutes les catégories sociales indigènes, y compris parfois les mandarins, qui sont alors dispensés d'assister aux cérémonies du Nam Giao.

Fête d'origine chinoise et confucéenne, le Têt correspond au premier jour de l'an lunaire. Pendant trois jours s'établit entre les morts et les vivants, des échanges surnaturels. Les morts participent à la vie de leurs descendants, qui couvrent alors l'autel des Ancêtres d'offrandes. Cette communication entre les générations est vitale pour les Vietnamiens.

« Les bonzes sont les ennemis les plus acharnés de la France. Ils cherchent à maintenir les Annamites dans l'ignorance afin de pouvoir les dominer et les tenir sous leur joug... » (Hué le 3 juillet 1908).

« Les bonzes sont les prêtres des Annamites. Cette carte en représente deux devant la pagode (église) de marbre, ainsi nommée parce qu'elle est construite totalement en marbre. Tourane possède une montagne où l'on recueille une quantité considérable de marbre. On l'appelle d'ailleurs la montagne de marbre... ».

La "Pagode des Corbeaux" à Hanoï fut édifiée par le fondateur de la dynastie des Lê au XVe siècle. Le bâtiment central protégé par le cœur forestier, abrite la tablette de Confucius. Deux fois par an, mandarins et Lettrés se retrouvent ici pour un culte au "Sage Homme".

Il importe également de bien connaître le premier visiteur de l'an nouveau, car de lui peut dépendre le destin de toute la famille, pendant l'année à venir. Il faut également se concilier les esprits. Aussi, un bambou d'une dizaine de mètres est planté devant chaque demeure, le dernier jour de l'année lunaire. Il porte en son sommet divers objets, un papier rouge portant une inscription, un panier rempli de betel et de noix d'arec, destiné aux génies bienfaisants.

La venue de la nouvelle année est saluée par les mille explosions de pétards avant que le quatrième et dernier jour, les ancêtres ne regagnent leurs demeures d'outre-tombe.

Mais la vie ne reprend véritablement son cours et les dieux leurs occupations que le 7e jour de l'an nouveau.

S.M. Bao Daï écrit à propos du Têt : « Fête des morts, de la famille, de l'espérance, du printemps, tradition nationale, mélange de culte religieux et de rites païens, le Têt est tout cela et autre chose encore :

« Le palais du Comat est ici, ce qu'est en France le palais Bourbon, c'est-à-dire l'endroit où se réunissent nos ministres. Les éléphants appartiennent au roi d'Annam Duy-Than ».

« Le Jeu des 36 têtes est, d'après ce que j'ai entendu dire, une mascarade ayant quelques ressemblances avec nos déguisements du carnaval. Chaque déguisé concourt selon sa spécialité pour une course ou un jeu quelconque... » (Hué le 17 juillet 1909).

l'essence même de notre civilisation ou du moins sa manifestation la plus typique ».

L'autre grande fête est sans conteste le Nam-Giao. Ce culte officiel, rendu à l'empereur d'Annam, se déroule depuis peu, tous les trois ans, son fondateur Gia Long l'ayant institué annuel.

« Cette célébration appartient en propre à l'empereur qui, seul, en tant que pontife suprême, peut établir par son intermédiaire un contact direct entre le ciel et la terre sur laquelle il représente tous ses sujets », nous confie le dernier empereur d'Annam, S.M. Bao Daï.

Un magnifique cortège d'éléphants, de mandarins, de musiciens, de drapeaux et de soldats escorte l'empereur vers l'esplanade des Sacrifices, au sud D'Hué. Le cortège comptant plus de 2 000 personnes, met plusieurs heures pour traverser la capitale. Sur l'esplanade sacrée se déroule de nombreux sacrifices pendant tout le 2e jour, puis le cortège reprend la route qui le ramène au palais impérial, via les portiques de bronze.

« Ces deux Tonkinoises sont en grande tenue. Le chapeau qui pend au côté est, comme tu peux le voir, assez grand pour garantir du soleil. Tu remarqueras les chaussures qui ont une forme particulière et qui sont composées d'une simple semelle et sont adaptées aux pieds au moyen de courroies. La fête du Têt est une grande fête annamite... » (Hué le 18 septembre 1908).

1078. ANNAM - Hué — Esplanade et table des Sacrifices

181. - QUANG-YEU. - Jeu d'échec vivant (1)

運

942. ANNAM - Tourane
Autel dédié au Dieu de la Mer sur les dunes

836. TONKIN - Hanoï
lants
Collection P. Dieulefils, 53, Rue Jules-Ferry - Hanoï

69. COCHINCHINE – Saïgon – Fête des Chettys (le Char

Collection Poujade de Ladevèze

P. DIEULEFILS, HANOI 3130 TONKIN — Tribunal indigène - Le prisonnier à genoux dev[illegible]

46 — Prisonniers à la Cangue

« Ces prisonniers sont appelés "les chevaliers de la petite échelle". La cangue qui emprisonne le cou ne leur est jamais levée. Ils la conservent même pendant le sommeil et en sont très incommodés parce qu'elle tire constamment sur l'épaule et qu'ils ne peuvent pas appuyer la tête, la cangue les en empêchant. Parmi ceux que représente ma carte, il en est un qui porte les ongles longs qui sont pourtant un signe de distinction. C'est probablement afin de le distinguer des autres qui sont peut-être moins pervertis que lui... » (le 29 octobre 1908).

« Le sonneur d'heures qui se tient dans la cour du palais du roi se règle, non pas au moyen d'une montre, mais au moyen d'un sablier dont il remplit une partie qui s'écoule dans l'autre en une heure. Vous voyez donc qu'ils se servent encore du système employé par nos ancêtres et qui est depuis longtemps démodé... » (Hué le 15 octobre 1908).

TRAVAIL ET TRADITIONS

Le Viêt-nam est avant tout un pays agricole, où la culture indigène l'emporte sur les plantations européennes. Cette culture souffre du traditionnalisme et du manque de capitaux. L'indigène vivant surtout de riz, la rizière couvre à peu près toutes les plaines irrigables soit environ 5 millions d'hectares et la production s'élève, bon an mal an, à 5 millions de tonnes.

Par un labeur patient, les paysans, « nhaqués », ont transformé les deltas en rizières. La variété des opérations, véritable jardinage, et la nécessité permanente d'irrigation, surtout dans le Tonkin, maintiennent une forte organisation familiale sous l'autorité du père.

En Cochinchine, la plaine du Mékong est couverte de rizières. Ici, la régularité des pluies et des inondations rendent la récolte plus sûre que dans le Song Koï, bien que dans le delta du fleuve Rouge, on puisse procéder à deux récoltes annuelles. Aussi, en Cochinchine,

Case Moï au nord de la Cochinchine).

pour améliorer encore la production, la France lance-t-elle un vaste programme de drainage et de mise en culture des anciennes plaines marécageuses.

Le riz est à la fois la culture vivrière des indigènes et le grand produit d'exportation. Le Tonkin et la Cochinchine sont parmi les grands producteurs et exportateurs de riz de l'Extrême-Orient. La Cochinchine approvisionne en partie le Japon et quelques autres archipels de la région. On avance même qu'elle est le deuxième pays exportateur du monde après la Birmanie anglaise, sa voisine.

Cette richesse ne retombe pas sur les petits paysans, qui restent misérables, endettés et dociles, mais profite bien davantage aux Chinois : maîtres du marché du riz, que de nombreux courtiers parcourant les arroyos et les rachs cochinchinois vont acheter aux paysans annamites pour l'acheminer sur Cholon, siège des grandes rizeries et port d'exportation.

« Les buffles servent aux Annamites pour labourer leurs rizières. Ce sont des bêtes, à la fois laides et méchantes qui ont les Européens en horreur. Il n'est pas rare de voir une de ces bêtes se détacher d'un troupeau et foncer tête baissée sur un Européen en promenade. Par contre, les Annamites en font ce qu'ils veulent... » (19 février 1909).

De nouvelles cultures apparaissent et sont pour certaines au stade de l'expérimentation, comme l'hévéa, arbre à caoutchouc, le café, le thé et la canne à sucre sur les terres rouges mais aussi au Tonkin.

Tous les paysans sont en même temps des pêcheurs. On pêche le long des 2 960 kilomètres de côtes du pays, mais aussi dans les nombreux lacs et rivières. Des pêcheries maritimes et des fabriques de nuoc-mâm sont installées dans le sud Annam.

La forêt, qui couvre une grande partie de l'Indochine, a donné naissance à une véritable civilisation du bois qui complète harmonieusement la civilisation rizicole. La forêt, non seulement, fournit du bois de feu et de construction, mais aussi de nombreux produits, dits secondaires, comme le bambou aux innombrables usages.

Elle abrite de nombreux animaux tels le tigre, la panthère, l'ours, le gaur mais aussi les singes et une multitude de cervidés. Témoin cette

« L'éléphant, à le voir, paraît un animal impotant et l'on a peine à croire qu'une pareille masse puisse se déplacer avec autant de facilité. L'éléphant nage très vite et il est assez curieux de voir ce spectacle que tout le monde ne peut voir... » (1er octobre 1908).

« authentique anecdote » qui se raconte dans les salons de la résidence à Qui Nhon.

« Lors d'une réception donnée par le résident, un vieux routier de la colonie française, qui avait disparu depuis quelque temps, se présente, à la stupéfaction générale, avec une magnifique chevelure blanche. Sa haute fonction et le respect qu'on lui porte empêchent qu'on lui demande l'origine de ce phénomène subit. Mais dans la colonie française, les rumeurs et les on-dit vont très vite et on ne tarde pas à connaître l'origine de la catastrophe.

Notre homme était allé à la chasse au tigre, dans la vallée du Srépok, accompagné de son boy habituel. Progressant entre les futaies, il eut la chance d'apercevoir un magnifique cerf, tellement grand qu'on le nomme par ici le cerf-cheval. Ayant tué la bête sans coup férir, il

appela son boy à la rescousse car l'animal pesait son poids. Ne voyant venir personne, il se décida à retourner au canot avec sa prise de chasse. Il chargea l'animal sur ses épaules, le tenant sur sa poitrine par les deux pattes avant. Alors qu'il peinait sur le sentier du retour, il sentit passer au-dessus de sa tête un grand vent glacé. Stoppant brusquement, il eut juste le temps de voir disparaître un énorme tigre qui venait de lui ravir son cerf. Blanc de peur, il regagna sa demeure d'Annam où il resta cloitré plusieurs semaines, le temps de guérir, mais sa chevelure ne se décida point à renoircir ».

Les métiers de la ville tournent essentiellement autour du commerce et des services. En Cochinchine, ils sont quasiment monopolisés par les Chinois, où ils excellent. Le Chinois est volontiers commerçant, mais aussi charbonnier, briquetier, restaurateur sédentaire ou ambulant, usurier ou « marchand de tout ». L'épicerie est si bien devenue son affaire qu'à Saigon, l'Européen ne dit pas « l'épicier » mais « le Chinois «.

1409. COCHINCHINE -
Pêcheurs des

« Le rameur de l'arrière est celui qui dirige le sampan. Son adresse est telle qu'avec le seul moyen de sa rame, qui et très large, il parvient à tourner presque sur place tout en maintenant l'équilibre, ce qui est extrêmement difficile... » (8 mai 1909).

335 Cochinchine — Saïgon - Une Epicerie chinoise (Banlieue)
Collection Poujade de Ladevèze

INDO-CHINE
RF
POSTES
5c
N°112. ANNAM _ OUTIQUE ANNAMITE

« Cette carte représente une scène de la vie annamite, la plus curieuse peut-être. Ces gens-là ne se mettent jamais à table, ou pour mieux dire, presque jamais ; d'ailleurs leur table est vite mise. Elle consiste en un bas-flanc sur lequel se trouve une espèce de plateau contenant des bols pleins de riz. Les Annamites s'assoient sur le bas-flanc à la façon des tailleurs et au moyen de leurs fameuses baguettes, ils mangent leur riz à moitié cuit ».

131. - Marchande de Soupe à Saïgon

POSTES
5
INDOCHINE FRANÇAISE
Hue

5 Aout 1908
Paul
592. TONKIN — Scieurs de long

« Quelle adresse ont ces gens pour sculpter du bois avec des appareils les plus simples que l'on puisse trouver et qui consistent en deux morceaux de bois, dont l'un possède à son extrémité une espèce de morceau d'acier aiguisé. Quel dommage que je ne puisse pas porter en France un de ces ouvrages que représente cette carte. J'ai vu ces gens à l'œuvre. Ils sont épatants...

Il faut voir les scieurs de long à leur métier. Je t'assure qu'ils ne cassent rien. Ils sont très adroits. Tu vois, par cette carte qu'ils ne se gênent pas pour se reposer même lorsqu'on les photographie. Cette carte te montre aussi deux paillottes, construites, l'une en planches, l'autre en bambous et recouvertes d'herbes sèches. Toutes les maisons annamites sont semblables à celles-ci...

Dans certaines régions tonkinoises, les gens après avoir coupé le bois en petits morceaux, le pile pour en faire du papier. C'est une très vieille tradition ici... ».

Plauté, éditeur, Saigon
212 — Le Pilon à décortiquer le Riz

95 — Fabrication du Papier
Préparation de la Pâte

« Le pousse-pousse est le plus ancien du type. Ceux d'aujourd'hui sont montés sur ressorts et ont des roues pareilles à celles des bicyclettes. Ils sont plus légers et plus souples. Le roulement est très doux et l'on va plus vite. C'est le meilleur moyen pour se déplacer en ville... » (15 octobre 1908).

LA PRÉSENCE FRANÇAISE

Depuis avril 1891, le gouverneur général de l'Indochine, siégeant à Hanoï, réunit sous son autorité, cinq pays distincts. Le Tonkin, l'Annam, le Laos et le Cambodge sont des protectorats tandis que la Cochinchine est une colonie. La France administre également le territoire à bail de Kuang Tchéou Wan, sur la côte méridionale de la Chine.

Le gouverneur général dirige l'administration civile et militaire, examine le budget général de l'Indochine ainsi que les cinq budgets, avec l'aide du secrétaire général du gouvernement général.

Si la Cochinchine est administrée par un gouverneur, les protectorats le sont par quatre résidents supérieurs. L'Annam et le Cambodge gardent leurs souverains. Le Tonkin, ancienne dépendance politique et administrative de l'Annam a perdu son vice-roi au bénéfice de la France et le résident est également le représentant de l'empereur

Mines de charbon au Tonkin

« Grâce à cette usine fonctionnent des fours à chaux. Ceux-ci sont situés à l'extérieur de la ville, en face de la pagode de Confucius... » (Hué le 9 octobre 1909).

d'Annam ! Dans ces trois pays, ainsi qu'au Laos, l'administration est assurée par les autorités indigènes et confiée à des mandarins sous le contrôle des résidents supérieurs.

En Cochinchine, le gouvernement est assisté d'un conseil colonial, qu'il préside, composé de hauts fonctionnaires et de quatre conseillers, dont deux notables indigènes. La Cochinchine est représentée au parlement français par un député, depuis 1881.

La France explique que « les six pays, composés d'éléments ethniques variés, conservent leur administration propre et leur budget de façon à concilier les intérêts généraux et particuliers de chacun d'eux... Cette organisation, très souple (...) a procuré au pays un bienfait dont il n'avait jamais joui au cours de son histoire, l'ordre dans la paix ». Pax Francia, en quelque sorte !

Et même si la colonisation a fait de gros progrès avec Paul Doumer, par l'effet de son climat, dur aux Européens, « l'Indochine ne sera jamais une colonie de peuplement. Elle est du reste trop peuplée déjà et par un peuple trop civilisé pour qu'une autre race puisse s'y implanter et y dominer », explique-t-on aux enfants de France, « mais grâce à ses produits, l'Indochine est une excellence colonie d'exploitation. En outre, elle est admirablement située, surtout le Tonkin, pour servir de lieu de passage au commerce, entre la mer et la Chine du Sud-Ouest ».

Les Français d'Indochine sont donc avant tout fonctionnaires, militaires, commerçants ou colons.

Les « petits blancs » hantent les bureaux à la tête d'emplois techniques et d'autres sont commerçants.

Les militaires sont 5 000 environ, en garnison dans les grandes villes ou dans des postes avancés que l'insécurité grandissante menace.

Haïphong est la principale ville industrielle d'Indochine. Les cimenteries approvisionnent tout le pays et produisent même pour l'exportation.

15. CARTE DES VOIES FERRÉES DE L'INDOCHINE FRANÇAISE.

La mise en valeur d'un pays comme l'Indochine nécessite la création d'un réseau ferré très complet. En effet, les côtes présentent des abris nombreux et des rades profondes qui rendent faciles les communications avec les pays étrangers; c'est une de ces baies la baie de Tourane, dans l'Annam, qui a abrité le premier établissement français en Indochine. Mais, à l'intérieur du pays, si les fleuves présentent des sections navigables très utiles, leur navigation n'est pas possible d'une manière continue; elle est morcelée, on l'a vu, par des barrages, des rapides et des chutes. Les chemins de fer rendent donc les plus grands services pour faciliter les communications à travers l'Indochine.

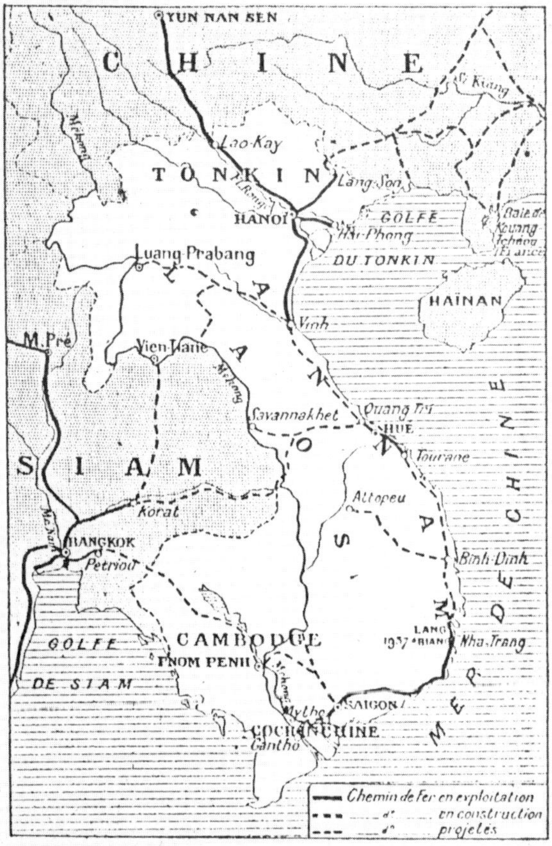

Les chemins de fer déjà construits ou en construction en Indochine sont la réalisation d'un plan conçu il y a trente ans et qui prévoyait : 1° une grande ligne-tronc, déjà nommée le Transindochinois, destinée à unir Hanoï à Saïgon, c'est-à-dire les différentes parties de notre colonie, le Tonkin à la Cochinchine à travers l'Annam; — 2° des prolongements d'Hanoï vers les provinces méridionales de la Chine, où un réseau ferré est en voie de construction; — 3° des embranchements transversaux reliant le Transindochinois au Mékong à travers les plateaux annamites, et destinés à être prolongés à l'Ouest, vers le Siam et vers la Birmanie qui possèdent déjà l'un et l'autre des réseaux ferrés assez développés.

Cette carte montre à la fois le plan du réseau ferré et l'état d'avancement des travaux en cours. La grande ligne centrale n'est encore construite que sur deux ou trois sections de son parcours (près de Saïgon, puis de Tourane à Hué, enfin de Vinh à Hanoï). Les prolongements vers la Chine sont en exploitation, et la ligne d'Hanoï à Lao-Kay atteint même la ville de Yun-Nan-Sen, capitale de la province chinoise du Yun-Nan. Le plan projeté est donc en bonne voie d'exécution : il y a déjà plus de 2000 kilomètres en exploitation.

Extrait de "La France et ses colonies". Enseignement primaire supérieur. (Hachette 1928)

INDO-CHINE
R F
5c
N°105_ANNAM_LE TRAIN EN GARE DE TOURANE-MARCHÉ

N° 31. — Thanh-Rhé, près Tourane.
La première voie ferrée en Annam.
(Ligne de Tourane à Hué.)
5

Palais du gouvernement général à Saigon.

SAÏGON. — Monument de Gambetta.

« Je t'envoie une vue du champ de courses de Hanoï qui, quoi que moins confortable que nos hippodromes de France, n'en est pas moins très fréquenté. Le mutuel y fonctionne de la même façon. Seuls les chevaux, quoi que bons, ne peuvent rivaliser avec ceux de chez nous. Ce sont en effet des chevaux du pays, guère plus grands que nos poneys, montés par des Annamites, qui n'ont pas besoin de se faire maigrir pour atteindre 40 kgs... » (le 2 mars 1910).

« Cet hôtel est le lieu de rendez-vous des gens sélects. C'est un genre de grand hôtel de Toulon, mais en miniature. *On n'y mange pas trop mal, bien que tous les plats soient salés. Le sel est si bon marché ici, que cela peut paraître excusable... ».*

Quelques grands colons véritables, chefs de plantations, vivent le plus souvent à la ville.

Pour les Européens, « la sieste et le panka ne sont pas un luxe et la maladie, fièvre ou dyssenterie, frappe toujours malgré l'acclimatement et les progrès de l'hygiène et de la médecine... Souvent, pour ceux qui ont échappé au coup de bambou de l'insolation et qui n'ont pu trouver dans l'exile les souffles de l'aventure ou les couleurs de la fortune, l'ennui est un mal qui ronge, mais qui a ses antidotes... » (P. Franchini).

Au tournant de 1900, la sieste, la drogue ou la piastre, la corruption ou le rotin ne sont pas les seules manifestations de la colonisation de la France. C'est aussi une farouche volonté de faire progresser le pays, même si parfois, c'est mal dit.

« La caserne de la Légation où est logée la 10e Compagnie, est située dans le quartier des Européens. Elle est distante d'environ 4 kilomètres de la Concession où sont les 9e et 12e Compagnies, ainsi que tous les bureaux... » (Hué le 23 octobre 1909).

« Jusqu'à l'arrivée des Français, les Indigènes vivaient dans des conditions sanitaires déplorables... La lutte pour la santé publique a été immédiatement engagée. Elle est conduite depuis 1903, par un directeur du service de santé qui dispose de médecins civils et militaires, d'assistances soiales ainsi que de 200 médecins et 50 pharmaciens indigènes... ».

« ...L'enrichissement intellectuel des Indigènes a été poursuivi concurremment avec l'amélioration physique de la race... C'est progressivement que l'enseignement occidental a, sur le vœu même des populations, remplacé l'enseignement traditionnel... ».

Il est vrai que la France, au début du siècle, avec des gouverneurs comme Galliéni, Doumer ou Sarraut, a œuvré pour l'instruction scolaire, contre les maladies et la mortalité et pour le développement économique.

COCHINCHINE
7. - SAIGON. - Les Casernes
A. T.

COCHINCHINE
SAIGON. - Les Casernes (Vue de profil)
Milles baisers de ton
frère
Paul

L'industrie balbutie, certes. Seule la mine de charbon de Hongay, rebaptisée Port Courbet, exploitation à ciel ouvert qui emploie 50 Européens et 3 500 indigènes, fournit 1 000 tonnes par jour, destinées à l'arsenal de Saigon, à l'industrie ou au chemin de fer naissant, ainsi qu'à l'exportation vers le Japon, qui utilise le poussier tonkinois pour ses fours à porcelaines.

« Depuis 1885, dit le manuel scolaire, l'organisation économique du pays a commencé. Un grand projet a été dressé pour la construction de voies ferrées nombreuses. Le réseau comprendrait principalement une grande ligne reliant Saigon à Hanoï via Hué (le Transindochinois) et prolongé jusqu'à la frontière chinoise. Différentes lignes transversales s'embrancheraient sur ce tronc principal. En même temps, des travaux ont été faits pour améliorer la navigation sur le Mékong et le Song Koï, qui pourraient rendre tant de services et qui sont malheureusement coupés de rapides. Enfin, on projette d'établir un grand port dans l'admirable baie d'Along, sur la côte du Tonkin. L'Indochine est une de nos colonies sur lesquelles la France peut fonder légitimement les plus belles espérances ».

ANNAM - Hué - Groupe de Femmes annamites

667. DAP-CAU — Campement des

es sur le champ de tir de Ké-Taï

« Que ce soit au Tonkin ou bien en Annam, les champs de tir sont tous les mêmes et ce sont les mêmes fruits ou boissons que nous vendent les marchands indigènes. Tu peux remarquer que les chapeaux des Tonkinoises ne sont pas les mêmes que ceux des Annamites. Ils sont en forme de roue de brouette... » (le 10 octobre 1909).

LES DIFFICULTÉS DE LA COLONISATION

Lorsqu'en 1886, le nouveau gouverneur général Paul Bert arrive en Annam et au Tonkin, la brousse est en pleine effervescence. La révolte de ceux qu'on appelle les Lettrés s'est alliée à la piraterie tonkinoise et il est bien difficile de les différencier. La France va devoir ouvrir une nouvelle campagne contre Phan Dinh, un vrai lettré, mais aussi les Doï Van, Doï Co, Co Ngu et surtout contre le Dê Tham.

Ce dernier, comme ses corrélégionnaires, pratique la guérilla. Pillages, massacres de quelques résidents français sous l'étendard de l'empereur de Hué font du Dê Tham un véritable héros. Cependant, même s'il bénéficie de la complicité de la population, c'est souvent par peur des repésailles car le Dê Tham, insurgé contre le « Diable Etranger », n'hésite pas à châtier durement ceux qui viendraient à choisir le parti du régime nouveau, celui des conquérants blancs.

L'armée française est mieux à même de pacifier. Les routes s'améliorent tout comme le réseau téléphonique. Elle peut donc se dépla-

« Le Dê-Tham s'entoure de toutes les précautions, aussi n'hésite-t-il pas à faire prêter serment de fidélité à sa cause ; serments qu'ils renouvellent tous les mois dans la pagode ci-contre ou ailleurs... » (29 janvier 1910).

cer plus rapidement et fondre sur l'ennemi, pour le surprendre. Ses effectifs sont renforcés d'unités de miliciens viêtnamiens et de tirailleurs.

Les campagnes sont cependant gênées par les moussons, ralenties par le terrain favorable à la guérilla. Néanmoins, la puissance de feu des Français leur permet de pacifier quelque peu.

L'empereur Ham Nghi, capturé en 1888, est déporté en Algérie et on peut dire que c'est la fin de la révolte des Lettrés à l'exception du Dê Tham qui poursuit la lutte, sa seule raison d'être.

Après la victoire japonaise de Tsushima en 1905 sur la Russie, il apparaît aux yeux des Asiatiques qu'ils peuvent défaire une puissance européenne. Les Blancs ne sont donc pas invincibles. On voit alors l'Indochine parcourue par une nouvelle vague de nationalisme.

Phan Boï Chau, ayant échappé à la répression de 1888 a rejoint le Japon en compagnie de Cuong Dê, descendant de Gia Long. Il va

attirer la jeunesse nationaliste au pays du Soleil Levant et publie en 1906 « Une lettre écrite outre-mer avec du sang », où il dénonce la colonisation. Son objectif est clair. Il faut faire la guerre aux Français pour reconquérir le Viêt-nam. Pour ce, il fait parvenir des armes au Dê Tham. La situation se complique de plus en plus. Les attentats font écho à la presse qui incite à la révolte, même en Cochinchine qui paraissait plus pacifiée.

En 1907, le gouvernement français dépose l'empereur Than Thaï. Accusé de folie, il est exilé sur l'île de La Réunion. La France, jouant sur les dissensions de la cour, le remplace par son jeune fils Duy Than, qui, âgé de 7 ans, paraît plus maniable aux autorités d'occupation. Une vague de stupeur parcourt l'Annam, car toucher à un fou porte malheur et puis, remplacer un père vivant par son fils, viole la sacro-sainte règle filiale, un des fondements du confucianisme.

La réaction, activée par des problèmes économiques et par les nationalistes, ne va pas tarder. Dès le printemps 1908, de nouvelles révoltes secouent le pays. Dê Tham en est le fer de lance.

Des manifestations « spontanées » éclatent en Annam pour demander l'allègement de l'impôt de la capitation, la suppression des corvées et du monopole du sel et de l'alcool, autant de revendications que l'on croirait sorties du « placard révolutionnaire français ».

Des collecteurs d'impôts sont assassinés. La garnison de Hanoï manque d'être empoisonnée au datura, ce qui n'est pas sans inquiéter les soldats, venus de France et dejà embués par le climat tropical et la fausse langueur annamite.

Cependant, la police mène ses enquêtes avec célérité et peut procéder à de nombreuses arrestations dans les milieux nationalistes et agitateurs de tous bords. Un vaste procès est organisé pour montrer la justice de la France. Les verdicts sont sévères : déportations, internements et décapitations.

En 1909, le nouveau gouverneur général Klobukowski accède à certaines revendications, mais supprime la Chambre consultative de l'Annam-Tonkin, créée par son prédécesseur Paul Bert.

Mais c'est Albert Sarraut qui, à partir de 1911, amorce des réformes de fond en abolissant les anciens châtiments tels la cangue, le rotin, la mort lente ou la strangulation et en accroissant la représentation indigène, en créant la Chambre des Représentants.

Cela n'empêche pas Dê Tham et les sociétés secrètes de poursuivre le combat. Mais en 1913, Dê Tham est assassiné par un agent infiltré.

Les troupes sont en perpétuelle mouvement à travers le pays. Peu nombreuses, elles sont obligées de se déplacer sans cesse pour combattre les "rebelles" du Dê-Tham ou autre nationaliste.

« Les vivres portées par des convois sont distribuées aux compagnies prenant part à la guerre contre le Dê-Tham. La nourriture est préparée en grand et aucune viande ne doit être conservée pour le lendemain à cause de la chaleur qui ne manquerait pas de la gâter. Quelques animaux sont tués sur place, tels que cochons, poulets et autres volailles... Chaque groupe faisant partie d'un fort fait sa cuisine, tout comme aux manœuvres... » (9 avril 1910).

« Les postes qu'occupent nos troupes furent construits de toutes pièces par nos soldats, pendant quelques instants de répis que leur laissèrent les pirates. Cette carte te montre nos troupiers aux prises avec le bois du pays pour la construction de leurs futurs abris... » (3 février 1910).

« Ici on remarque un travail de défense, qui consiste à planter et à croiser des bambous qui ont été taillés en piquant, pour en empêcher le franchissement ».

Les soldats de France ont baptisé les rebelles ou les maquisards, c'est selon, les "pirates". Ils reconnaissent cependant qu'il s'agit de véritables soldats, courageux et combattifs.

Paul Février écrit à leur propos : « *Les pirates du Tonkin font la guerre de la façon la plus moderne, c'est-à-dire à la manière des Japonais, aussi quelles difficultés pour les surprendre... Ils organisent leurs défenses tels de véritables corps d'armée. Rien ne manque depuis les tranchées jusqu'aux ouvrages de fortification les plus perfectionnés. Aussi, nos troupes éprouvent-elles de grandes fatigues pour découvrir leurs refuges qui sont multiples. Il nous faut parfois marcher plusieurs jours en grand péril...* » *(le 4 décembre 1909).*

« Quelques ouvrages de fortifications enlevés péniblement au Dê-Tham sont véritablement bien établis. Le fort que represente cette carte donne une idée des travaux de défense qu'ils s'aménagent et qui sont très difficiles à prendre à cause des difficultés qu'on éprouve pour les atteindre... ».

« Les bandes du Dê-Tham obligent nos troupes à se ravitailler et ce n'est pas sans une escorte assez forte qu'on envoie le nécessaire aux troupes qui sont dans les postes avancés... ».

« Quelques-uns de nos sous-officiers trouvèrent la mort en combattant contre les bandes du Dê Tham. Ils étaient des volontaires pour faire partie de la colonne. C'est donc ces courageux qui périrent les premiers et parmi eux les deux sergents Casanova et Boubault... Les pirates nous font de nombreux blessés qui, naturellement, ne reçoivent pas sur place les soins nécessaires, aussi profite-t-on de toutes les occasions pour les envoyer, dès que possible, dans les hôpitaux d'Hanoï ou de Haïphong après quoi on les rapatrie afin qu'ils puissent se remettre, au milieu de leurs familles ».

«Les partisans qui nous firent des dégâts assez importants dans nos rangs, ne furent pas sans laisser nombre des leurs sur le terrain. Leurs pertes furent considérables mais leurs rangs n'en furent pas diminués en raison de l'intensité du recrutement... Le fortin du Dê-Tham pris par nos troupes après un combat acharné, sert surtout à soigner provisoirement les blessés et les malades dont l'état ne permet pas de les transporter dans les hôpitaux de Haïphong ou d'Hanoï. Seuls les partisans y sont installés définitivement en attendant leur convalescence...» (le 26 février 1910).

« Voici quelques-uns des pirates qui terrorisent le Haut-Tonkin. Quelques-uns ont de véritables têtes de bandits, d'autres, par contre, n'ont pas l'air de faire partie de la bande du fameux pirate... ».

Cette photo du Dê Tham en compagnie du résident Bouchet a été prise avant le début des hostilités.

Le journal "L'illustration" du 26 juin 1909 écrit :
« A la fin du mois de janvier dernier, nos troupes du Tonkin délogeaient de son repaire du Yen-Thé le fameux chef pirate, le Dê Tham et mettaient en déroute les bandes opérant sous son commandement. La colonie et la métropole accueillirent avec joie la nouvelle d'un événement dont on fit alors ressortir toute l'importance en rappelant la longue suite de méfaits par où s'était illustré ce brigand quasi légendaire... ».

Ci-dessus, le beau-père du Dê Tham, vieillard aveugle abandonné par ce chef pirate en fuite, est emporté dans un panier par des tirailleurs annamites. Cette photo, ci-contre, du Dê Tham en compagnie du résident Bouchet a été prise avant le début des hostilités.

« L'interrogatoire des prisonniers faisant partie de la bande du Dê Tham n'est pas chose très facile et l'interprète, qui est chargé d'interroger les pirates, est naturellement bien rétribué. Cette carte vous montre de quelle façon on traite ces fameux bandits » (18 décembre 1909)

3301. TONKIN - Yen-Thê — Groupe de 8 pirates des bandes du Dé-Tham, tués à l'affaire de Lieu-Dê le 17 Novembre 1908

« Les bandes du Dê Tham ne sont pas sans laisser de nombreuses victimes aux mains de nos troupes. La photographie en montre quelques-unes qui ont payé de leur vie les pirateries qu'ils ont commises... ».

« A l'arrivée sur les lieux de l'exécution, le condamné est attaché à un piquet. Les aides scient la cangue ; après quoi, l'un des juges du condamné donne connaissance au public du crime commis par le patient, au moyen d'un porte-voix. Après la lecture de la sentence, le juge demande au public si le condamné a mérité sa condamnation. Sur la réponse affirmative de quelques assistants, il donne l'ordre au bourreau de châtier le criminel. Le bourreau répond : "Ya" ou oui, et tranche la tête du patient. Il la montre ensuite au public, la jette à terre et la repousse d'un coup de pied... ».

3122. TONKIN — Indigènes décapités pendant les troubles de Juillet-Septembre 1908 - Le moment fatal

« Voici la tête du principal instigateur de l'empoisonnement d'Hanoï. Je connais à peu près en détail les circonstances de cet attentat. C'est miracle qu'il n'ait pas réussi... La faute de l'échec incombe à un des empoisonneurs qui ayant eu peur, a dénoncé le complot... ».

Il s'agit de la tentative de juillet 1885. La décapitation en public est une mort redoutée par le Viêtnamien, car en séparant la tête du corps, elle condamne l'âme à l'errance éternelle.

INCITATIONS AU VOYAGE

Aller en Indochine n'est pas très facile, en tout cas c'est long. Le seul moyen de s'y rendre reste la voie maritime. Certains navires de la Compagnie des Messageries Maritimes, comme *l'Atlantique,* appareillent de Bordeaux, mais la plupart des paquebots sont au départ de Marseille, véritable porte de l'Extrême-Orient.

Ainsi, le 2 janvier 1901 à 4 heures du matin, *Le Douro,* bâtiment récent de la dite compagnie, puisque lancé en 1889, appareille pour l'Indochine. Il mettra cinq semaines pour relier Hanoï.

A bord, les passagers, futurs coloniaux, découvrent la Méditerranée, le canal de Suez, la mer Rouge et les moiteurs tropicales de la deuxième classe. Pour les autres, les anciens, les blasés de la coloniale, et souvent privilégiés de la première classe, les boissons, le transat, le bridge et autres distractions, les aident à supporter la longueur de la traversée. Les enfants, confiés à des nurses ou à des nourrices, font rarement le voyage avec leurs parents occupés ailleurs.

Le 13 janvier, à 4 heures du matin, *le Tonkin,* des Messageries Maritimes, bâtiment flambant neuf, lancé à La Ciotat il y a trois ans, appareille pour les Indes, le Siam, l'Indochine, le Tonkin, la Chine et le Japon.

Sept jours plus tard, c'est au tour de *l'Annam,* de la même génération que *le Tonkin,* d'appareiller, pour les mêmes escales.

Le Sinaï, quant à lui, lève l'ancre le 30, toujours de nuit. Il sera torpillé en Méditerranée, le 11 décembre 1916.

Le 10 février, *l'Ernest Simons,* navire vieux de huit ans, appareille à son tour pour l'Indochine. Comme ses prédécesseurs, les cabines sont complètes et les Messageries Maritimes n'ont pas trop à se plaindre du trafic.

Pour y faire face, la compagnie augmente le nombre de ses navires, avec *le Louqsor,* lancé en 1904, le vapeur *El Kantara* ou *le Laos,* lancé en 1903 aux chantiers de Copenhague et qui s'est malheureusement échoué le 9 février 1907, sur le plateau du Four, à 5 miles au large du Croisic, ou bien encore *le Gange,* lancé à Marseille en 1905 ou en en reconvertissant d'anciens comme *le Malaisien* devenu *le Ville de La Ciotat,* paquebot poste courrier d'Australie ou *le Magellan* qui viennent s'ajouter à ceux déjà en service comme *l'Australien* de 1889, *le Guadiana* ou le vieux *Matapan,* né en 1884.

MESSAGERIES MARITIMES
CARGO-BOATS FRANÇAIS
ANVERS DUNKERQUE, LA PALLICE
MARSEILLE, [redacted] EXTRÊME-ORIENT
Pour Renseignements, s'adresser: PARIS : 1, RUE VIGNON
Et dans les PORTS aux REPRÉSENTANTS de la COMPAGNIE

EN GUISE DE CONCLUSION

En janvier 1914, lorsqu'Albert Sarraut quitte ses fonctions, les tambours de la guerre résonnent de plus en plus forts à l'autre bout du continent et l'Indochine française, à 10 700 kilomètres de Paris, n'échappera pas à la tourmente.

La colonie est cependant, dans l'ensemble paisible, au point que seulement 2 500 soldats seront maintenus pour contenir les derniers soubressauts des Lettrés.

« Plus de cent mille Viêts partiront pour l'Europe pour participer avec une très grande loyauté, soit comme combattants, soit comme travailleurs à l'effort de guerre de la nation protectrice » (SM Bao Daï).

"Le Tonkin" lancé en 1898, à La Ciotat.

Paquebot "Ernest Simons" des Messageries maritimes (1893).

TABLE DES MATIÈRES

Le Palais impérial d'Hué. La Salle du trône.

Achevé d'imprimer en juin 1990
Société OFPRIM - 42820 Ambierle
Dépôt légal : 2ème trimestre 1990